······中国基础教育国家级教学成果文库······

U0646113

中学语文教学整体改革的实践与研究

洪宗礼 著

北京师范大学出版集团
BEIJING NORMAL UNIVERSITY PUBLISHING GROUP
北京师范大学出版社

图书在版编目(CIP)数据

中学语文教学整体改革的实践与研究 / 洪宗礼著. —北京：
北京师范大学出版社，2019.1(2024.11 重印)
(中国基础教育国家级教学成果文库)
ISBN 978-7-303-23425-7

Ⅰ.①中… Ⅱ.①洪… Ⅲ.①中学语文课－教学改革－研
究 Ⅳ.①G633.302

中国版本图书馆 CIP 数据核字(2018)第 020834 号

图书意见反馈 gaozhifk@bnupg.com 010-58805079
营 销 中 心 电 话 010-58802135 58802786
编 辑 部 电 话 010-58802786

ZHONGXUE YUWEN JIAOXUE ZHENGTI GAIGE DE SHIJIAN YU YANJIU
出版发行：北京师范大学出版社 http://www.bnupg.com
北京市西城区新街口外大街 12-3 号
邮政编码：100088
印 刷：北京虎彩文化传播有限公司
经 销：全国新华书店
开 本：710 mm×1000 mm 1/16
印 张：14.75
字 数：265 千字
版 次：2019 年 1 月第 1 版
印 次：2024 年 11 月第 3 次印刷
定 价：39.00 元

策划编辑：路 娜 郭 翔 责任编辑：周 鹏
美术编辑：焦 丽 装帧设计：焦 丽
责任校对：段立超 责任印制：马 洁

总　序

教育兴则国家兴,教育强则国家强。中共中央、国务院高度重视教育事业,始终将教育事业摆在优先发展的位置上。在中共十九大报告中,习近平总书记明确指出:"优先发展教育事业。建设教育强国是中华民族伟大复兴的基础工程,必须把教育事业放在优先位置,深化教育改革,加快教育现代化,办好人民满意的教育。要全面贯彻党的教育方针,落实立德树人根本任务,发展素质教育,推进教育公平,培养德智体美全面发展的社会主义建设者和接班人。"2018 年 9 月 10 日,全国教育大会在北京召开,习近平总书记强调:在党的坚强领导下,全面贯彻党的教育方针,坚持马克思主义指导地位,坚持中国特色社会主义教育发展道路,坚持社会主义办学方向,立足基本国情,遵循教育规律,坚持改革创新,以凝聚人心、完善人格、开发人力、培育人才、造福人民为工作目标,培养德智体美劳全面发展的社会主义建设者和接班人,加快推进教育现代化、建设教育强国、办好人民满意的教育。

"两个一百年"奋斗目标的实现、中华民族伟大复兴中国梦的实现,归根到底靠教育,而基础教育则是实现伟大复兴中国梦、提高民族素质、促进人的全面发展的奠基工程。为此,要鼓励校长和教师创新教育思想、教育模式和教育方法,在实践中办出特色,教出风格。

近些年,基础教育领域教育教学成果斐然,涌现出了一大批有特色的学校、有个性的校长、有风格的教师。在此背景下,2014 年,教育部委托中国教育学会组织评选了首届"基础教育国家级教学成果奖",共有 417 项成果获奖。这些获奖成果是改革开放以来我国基础教育改革创新的缩影,凝聚着几代教育工作者的智慧和心血。获奖者中有的是历史悠久、文化积淀深厚,至今仍然在实践中勃发着育人风采的名校;有的是建校时间短,在校长和教师的勠力同心、共同耕耘下创出佳绩的新学校;有的是办学理念先进、管理经验丰富、充满活力的校长;有的是师德高尚、业务精湛、热爱学生的教师。总结和推广他们的经验,是推动我国基础教育改革、提高基础教育质量、实现基础教育内涵式发展的重要动力,也是写好教育"奋进之笔"、实现教育现代化的重要保证。

为了宣传首届"基础教育国家级教学成果奖"的获奖成果,充分发挥优秀教学成果的示范、引领和借鉴作用,有效促进基础教育的教学改革与质量提升,教育部委托中国教育学会与北京师范大学出版社共同组织编写了"中国基础教育国家级教学成果文库"(以下简称"文库")。"文库"围绕首届"基础教育国家级教学成果奖"中的特等奖、一等奖及部分二等奖进行组稿,将每一项教学成果转化为一部著作,深入挖掘优秀成果的创新教育理念与教育思想,系统展示教育教学模式和教育方法,着力呈现对教育突出热点问题和难点问题的工作思路、解决措施和实际效果。这套"文库"将成为宣传优秀教学成果、交流成功教改经验、促进基础教育教学质量提升的综合服务平台。

新时代呼唤更好的教育,人民群众期盼更好的教育。只有扎根中国大地,努力挖掘民族文化底蕴,不断吸收优秀文明成果,始终坚定本土教育自信,持续创生本土教育智慧,才能创造富有中国特色的教育理论和教育文明,推进教育教学改革实践探索;才能切实回应人民群众最现实的教育关切,增强人民群众的教育获得感;才能真正办好人民满意的教育,满足人民对美好生活的向往。人民满意的教育既是我们奋斗的目标,也是我们前进的动力。

钟秉林

2018 年 9 月

自　序

　　课题获奖，虽是殊荣，但实属意外。年且八旬，本不想申报。领导、朋友一再鼓励，嘱我珍惜中华人民共和国成立以来的首次评奖机会，借此梳理一下五六十年从事语文教学的经验体会。岂知人一与机会相遇，便难免会被机会支配。我被打动了，申报后竟然获得成功，于是，也就顺理成章地接受了中国教育学会、北京师范大学出版社的约稿。

　　写什么？

　　我回顾了自己的语文人生。从学语文到教语文再到研究语文，我走过了半个多世纪的语文之路。在这条坎坷崎岖亦铺满鲜花的道路上跋涉，我饱尝曲折的艰涩也收获了成功的喜悦。在寻寻觅觅中，我发现了百年语文教学之痛：肢解割裂，高耗低效。"中学语文教学整体改革的实践与研究"主题正是瞄准了这一目标。

　　这个课题有两个关键词："语文""整体"。语文无限大，整体改革也就无限大。我们只能在无限中做有限的研究，重点是研究语文核心部分的三个"整体"：一是语文内部各要素构成的整体；二是语文和外部的平行学科与社会生活构成的整体；三是语文教育研究的整体。长期以来，这些整体都被肢解割裂，破坏了语文教学的平衡，使语文教育教学和研究左右摇摆，无轨可寻，无据可依，教师则无所适从。本书正是从此切入，探讨从整体上改革语文教学的思路、途径和策论。于是，有了书中论述的主体：以系统思想和教育哲学为指导，积极探索建立以"双引"教学艺术为载体，"五说"语

文教育观为理论基础,语文教育"链"为核心理念的中学语文教学整体改革的科学体系;努力构建中学语文教学整体改革的模型,翔实提供实施中学语文教学整体改革的方法和策略。这一体系的建构,显然针对的是既往点、线、面型教学思路、理念和教学设计,意味着要把语文视为有强大生命力和无限活力的不可分割的整体或灵动体,而不能把它碎尸万段,或装配成各种器官合成的肉体。如果说这项成果还有一点新意的话,在于兹。

本书在写法上务实求真,吾手书吾心。没有旁征博引,没有激情抒发,也没有深邃的理论,我只是把自己的所做所想倾吐出来,与读者交流。希望读者以平常心来看待和阅读这部粗浅的著作,并对书中的不足之处给予指正。

关于本书的架构,看"目录"便可一目了然,不再赘述。这里讲一点成果背后的故事,即成果形成过程中几千个日日夜夜的付出,以及从中获得的感悟。诚如全国人民代表大会常务委员会原副委员长许嘉璐先生所说:"洪老师对中学教育的钟情,对自己母语的热爱,对教学改革的执着,探索之路的坎坷,积劳成疾,几次与死神擦肩而过,其矢志不改的倔强性格,五十年执教和研究道路的喜怒哀乐,都刻在这一页一页的 A4 纸上了。"(《洪宗礼文集》序)这不仅是对我,更是对我的合作团队几十年如一日辛勤耕耘的奋斗精神的写照,而我从中悟出了需要坚守的四个字:学、思、行、爱。

作为一个挚爱母语又愿终身为母语课程献身的虔诚的教育者,我将矢志不渝地求语文教学之真,解语文教学之谜,努力构建中学语文教育整体改革体系,走向我心驰神往的彼岸。

2018 年 6 月 1 日于弘文楼

目　录

第一章

始终是从零开始

——我的语文人生

从学习语文到教授语文再到研究语文，我走过半个多世纪的"语文"路。在这条铺满鲜花又坎坷崎岖的道路上跋涉，我饱尝曲折的艰涩与成功的喜悦。作为一个挚爱母语又愿终身为母语课程献身的虔诚的教育者，我矢志不渝地求语文教学之真，解语文教学之谜，进而铸造语文教学之"链"，构建了中学语文教育整体改革体系，终于到达我心驰神往的彼岸。

一、 最初的跋涉

20 世纪 50 年代末初为人师，我带着狂热，踌躇满志地来到江苏省泰州中学，从零开始，兴致勃勃地走上了工作岗位。

泰州，古称海陵，素有汉唐古郡、淮海名区之称。泰州虽是座小城，却有悠久的历史和璀璨的文化，自古以来名贤辈出。文学家施耐庵，评话宗师柳敬亭，哲学家、泰州学派创始人王艮，"扬州八怪"代表郑板桥，被誉为东方黑格尔的文学理论家刘熙载，近代京剧大师梅兰芳，都是泰州文化名人中的杰出代表。早在南宋宝庆二年(1226 年)，泰州知州陈垓就在北宋学者、教育家胡瑗(也称安定先生，993—1059)讲学旧址(今泰州中学校园内的华佗庙故址)创办了"安定书院"。胡瑗提倡"经义""治事""分斋"的教学制度，用现在的话说便是理论和实践两类。这位大学者深知教育的意义，他说："致天下之治者在人才，成天下之才者在教化，教化之所本者在学校。"多少个世纪的变迁，古朴、典雅的书院旧址成了"江苏省泰州中学"的历史象征，高大的银杏树成长得越发郁郁葱葱。

彼时，我风华正茂，怀揣着"一定要当个好教师"的誓言，踌躇满志地来到泰州中学这所百年老校，雄心勃勃地准备施展自己的才华。然而，我还没来得及品尝初为人师的新鲜，便很快尝到了当一个语文教师的苦涩，遭遇了想象不到的尴尬。

读大学时，许多同学夸我具备"四个一"(一张铁嘴，一口普通话，一笔好字，一手好文章)的"登堂"讲课的本钱，我也自以为凭读大学门门五分的优秀成绩和做学生会、班级干部的能力，足以胜任中学语文教师工作。然而，实践是最好的老师。教学实践中，我碰了不少壁。

备课可以说是第一道关隘。我满以为凭自己的功底，有一册课本、

安定书院——泰州中学的根

一本教学参考书(简称"教参"),再加几部工具书,就足以应付自如。因此,我总是超前备课,工工整整地写成教案,洋洋得意地把教案送给同组老教师审看,自信地等着老教师们的赞语。可是老教师在夸我"挺认真"之后,打趣地说:"小洪,你改编教参挺有技巧啊!"一句话说得我心里很不是滋味,我的教案确实只是"改头换面"的教参。待到我在备课组做中心发言时,老教师们从教学内容的理解、教学重点的确定、教学程序的安排、教学对象的分析、教学方法的设计及练习的处理等方面,提出了一连串难题跟我讨论。这使我茅塞顿开,清醒了许多。我认识到语文教材其实就是一部无比丰富的微型百科全书,语文教学正是深不可测的浩瀚的汪洋大海,语文教师应当是知识财富的拥有者。他的知识宝库里,该有琳琅满目的珠宝;他的理论大厦中,该堆积足够的本钱。没有广博的知识,没有扎实的基本功,是难以胜任语文教学的。

上课,是教师功底的亮相,是教师教学思想、教学水平的最灵验的检测器。开始上课,我总想让学生按自己预设的教学思路来学习、思考。然而,课堂教学序而有变,它不以教师的"长官"意志为转移,学生常常"节外生枝",质疑问难。记得在一堂作文课上,一位同学从他父亲收藏的《康熙字典》中找了两个僻字来考我。我一时读不出来,只好吞吞吐吐地表示:"课后查了字典再告诉你们。"话音未落,学生发出一阵哄笑,还隐约听到有人窃窃私语:"嘻!老师还有不认识的字呢!"我顿时感到脸上火辣辣的，其窘态难以言状。我只好宣布"围绕老师教的思考"。我在课堂上的所谓"教"，也主要是传达教参。我讲得津津有味，学生则昏昏入睡。有一次，我发现一个学生课本下压着一本书，收上来一看，原来是一本教学参考书，与我备课用的参考书是同一版本。课后，这位学生对我说："您讲的我全都知道，因为教参上都有；而我不懂的，您啥也没有讲。所以……"

批改作业不知从何下手，最使人烦心的是改作文。当时是每周一作一评（间周一大作一小作），把作文改得满纸红，却吃力不讨好。有位学生写作水平一般，却一次写满一本交来，错别字、病句又多，可谓"荆棘丛生"，一篇作文改到深夜也改不完。一怒之下，我手中蘸水笔的尖锐笔尖猛戳到作文本上，划出一个洞。望着被墨水濡湿的殷红一片，我才渐渐冷静下来。次日，我把学生请到办公室，带着内疚而又埋怨的语气说："弄污作文本该向你检讨，可你把作文写得这样长，错字、病句又那么多，能体会老师的苦衷吗？"那学生沉默不语，泪水渐渐出眶，口中嗫嚅道："我原想将来当个作家。"学生的轻轻一语使我的心头一震，透过学生的作业，可以看出这位学生的学习态度。学生有很高的写作热情，教师却发火抱怨，足见我在大学里学的教育学、心理学还停留在书本上，不能学以致用。此后，我对这位学生热情鼓励，引导他把几百字的短文写好，再逐步学写长文。后来，这位学生毕业参军入伍，不久便当上了通讯员，过了几年，成了一位将军的秘书。经多年奋斗，他成了一位军级干部。试想，倘若我不转变教学思想和教学方法，岂不平白无故地扼杀了一位高级人才？

最使我棘手的是教学效果怎么也赶不上老教师。尽管我挑灯夜战，俯首耕耘，却"收成"寥寥，特别是学习成绩原来整齐的班，一到我手里就两极分化。我只有发愁，希望奇迹发生，盼望有一天也能"多收三五斗"。

从教近半个世纪，经历的许多事逐步淡忘了，而起步之初，这几件事还像烙印一样深深留在我的记忆里，尽管它只是几次失败的记录。人们往往习惯于嘲笑幼稚，赞美成功，并为成熟、成功而陶醉自豪，这些

1961 年送走第一届毕业生

当然是可以理解的。可我觉得，我们还应当珍爱幼稚和失败，因为幼稚将走向成熟，失败中孕育着成功。我在语文教学中表现出的幼稚和经历的几次失败，经过"日三省吾身"的反思，从中长了不少"智"，获得了很多的教益。从这个意义上说，没有稚师，未必有名师，因为幼稚是成熟的先导，所以稚师往往会成就名师。

"学然后知不足，教然后知困"，正是学与教中遇到的困惑使我惊醒，催促我把大学毕业走上工作岗位作为零的开始，按照苏霍姆林斯基关于"只有不断地进修提高的老师才是真正的老师"的箴言。我下决心锐意进取，刻苦自励，把自我提高作为终身任务。我在卧室的壁上贴了"情操高、教风实、教艺精、知识博、基本功硬"的十六字奋斗目标，以此勉励自己在成师之路上不断求索。为实现这一目标，我把治标与治本结合起来，不断、拓宽知识面。治标，就是结合日常教学需要，边教边学，学以致用；治本，就是从提高语文修养的长远需要出发，系统、深入地学习各种专业课程，广泛汲取各种知识营养，为从根本上提高教学质量备足"一桶水"。我先后几次教完中学全程，结合教学实际掌握了比较完整

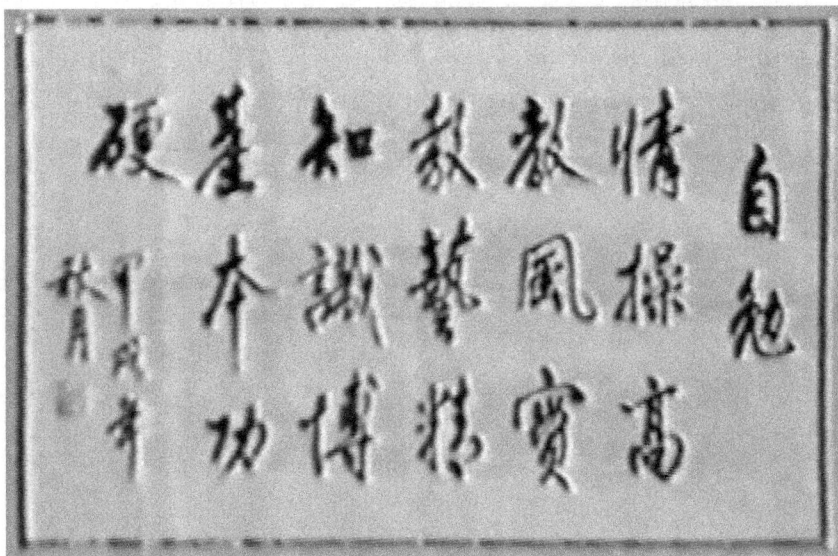

几十年来卧室壁上的十六字箴言

的知识结构。我把边教边学名为"滚雪球"，不断积累教学经验。我还运用辐射法，以教本为发射点，像蜜蜂采蜜一样，在知识和资料的花丛中博采精华，消化吸收。那些年，我做的摘录笔记本有几十本，读书卡片有几千张。为了掌握准确的普通话读音，我还背过字典。在学习语文专业知识的同时，我阅读了大量政治、哲学、史地等方面的著作，并从几十种期刊中汲取新的知识和信息，努力使自己成为"杂家"。

在不断进修提高中，我逐渐"富裕"起来。我提高了独立备课的能力和驾驭课堂的能力，熟悉了教学规律，逐步掌握了教学的主动权。我的教学工作受到学生和家长的欢迎，得到社会的赞誉。从"登堂"进而"入室"，为师路上，我迈出了艰难而欣慰的第一步。

二、神圣的讲坛

一位哲人说过：永远屹立在讲坛上的教师才是真正的教师。讲坛，伴随教师一生。正是在这个讲坛上，教师们塑造了一代代学子，也塑造了自身。讲坛，是神圣的。如果要为一个优秀教师塑像，选择的最佳镜头，应是站立在讲坛上，接受讲坛检验。我第二次从零开始。

神圣的讲坛

教师的知识、学养、功底如何，只要到讲坛上一检验便可以知道了。20 世纪 60 年代中期，我曾上过一堂公开课，教的是冰心的《小橘灯》。为了这堂公开课，我反复钻研教材，从课的内容到教学语言，都做了仔细推敲。课前多次独自练习试讲，对细微处再做调整。一开课就像步入舞台的主演，很快进入角色。讲课时全力以赴，滔滔不绝；朗读时，有声有色，声情并茂；板书井然有序，有条不紊；课文背如流水，教程驾轻就熟……一切都"感觉良好"。可评课时，行家们说："课上得精彩则精彩矣，教者成了梅兰芳，可就是忘了学生，丢了语文。"这一堂"费力吃苦果"的公开课使我回味良久，得益颇多。我反躬自省：一个称职的教师，不仅要有坚实的专业知识基础，更要懂得教育教学规律；不仅要有一定的教育心理学理论，更要悉心研究和掌握教育对象的特点，能够灵活而有效地实施教学。也就是说，真正的好老师，必须既具备专业知识素质，又具备实际教学能力素质。这种能力素质不是在书斋里养成的，只能在课堂教学实践中锻炼。积多年教学实践经验，我感到：50 平方米的教室是教师自我提高的练功房；三尺讲台是教师最好的练功台；教育对象——学生，则是最能促进教师提高的好助手。一个要求提高自己的教师，应该自觉地在教学实践第一线上磨炼，坚持不懈，乐此不疲。

"费力吃苦果"使我懂得了讲台练功的价值，提升了讲台练功的兴趣。我在讲台上天天"练口"——锤炼准确、生动的教学语言；"练手"——练就一手流畅而美观的板书；"练情"——培养热爱每一个学生的感情；"练心"——提高自己的思想素质和课堂应变能力；"练艺"——提高教学艺术；"练文"——提高对文章的理解、分析能力，练习作文，进而提高行文表达能力。我的实践证明，讲台练功是对教师的知识、能力、智慧多种素质的综合训练，是比任何大学都高明的"自我教育的学校"。在讲台上，我掌握着两本教材：一是课本；二是学生。学生在课堂里既是我的教育对象，也是我进修的"活"教材。我根据学生的知识基础，确定教学的量和度；根据学生的认知规律，安排和设计教学程序；根据学生的个性和心理特点，精心挑选教学方法……我借助这部"活"教材，加深了对教育心理学理论的理解，更学到了书本上没有的语文教学论和教育心理学知识，并用之于教学。

在《小橘灯》公开课失败后若干年，我驾驭课堂的能力日进有功。面对课堂上出现的各种意料之外的矛盾，我大都能发挥教育机智，运用讲坛练功的经验加以化解。20 世纪 80 年代，我开了一堂写作公开课，听课者有来自全省的 800 多名教师。我引导学生集中"反刍"几篇课文中有关人物描写的片段，自主概括出写作三要领：目力、心力、笔力，即通过观察、思考、语言表达抓住人物的特征。请学生用精当、简练、生动的笔法，当堂速写一个人物，即为本班的

1963 年执教《小橘灯》公开课

一位同学画像。由于学生既是写作者，又可能是被写的对象，所以写作热情十分高。课进行到习作交流阶段，渐入高潮，这时，突然有两位学

生争论得动起手来，全场愕然。原来是一个学生的习作描写了同桌"缺颗门牙"的这一细节，这可惹怒了被写者，因而两人推推搡搡，几乎要扭打起来。风波骤起，我也震惊了，40多名学生和800多位听课者，近九百双眼睛都投向了我："洪老师，你怎么办?"处理这个窘境，无非几种方法：第一种方法是拉架，这是最笨也是最简单的方法。第二种方法是教师就争论的问题做分析，把是非分清。第三种方法是"相机诱导"，引导学生自己解决问题。我意识到，这时教者最需要的是冷静和教育机智。于是，我先轻声表扬两位学生"争得有理"，然后把话题一转："请大家回忆一下刚学的《一面》这篇课文中是怎样写鲁迅的手指头的。"立即有反应快的学生插嘴："十根手指像竹枝似的。""对，"我接着说，"这一细节美不美，作者为什么这样写?"学生茅塞顿开，就你一言我一语地议论开了：鲁迅先生生活在恶劣的环境中，加之大病初愈，特别瘦，"竹枝似的手指"看起来并不美，但这一细节刻画出一位坚忍顽强的战斗者的形象，给人美感。讨论至此，学生们思绪大开，把"缺颗门牙"和"竹枝似的手指"联系起来思考，矛盾就迎刃而解了。学生们有的说，"缺颗门牙"正是表现了一个少年的稚气美；有的说，抓住这一特征写，让人物更具独特的神采，更显得可爱……此时的课堂像水烧开了的锅。写者和被写者也都欣然接受了大家的意见，笑了起来，气也平了下去，他俩当众紧紧"握手"，课堂内响起了热烈的掌声。我常常回味这堂课，以为课之所以上得比较成功，正是长期讲坛练功的结果。然而，我又进一步反思，这堂课虽说勉强完成了教学任务，却只是"险胜"！自己的教学艺术还远远未达到真正成熟的境地，教育机智还远远不足以应对千变万化的课堂教学。由此，我想到，在神圣的讲坛上的锤炼和摔打不可一蹴而就，也不是权宜之计，要练数十年，乃至一辈子。一个教师如果离开讲坛，将一事无成。在此后的发展中，我一直站在神圣的讲坛上，面对学生们一张张稚气的笑脸，不断锤炼教学艺术。即使当了二十多年校长，我也从不离开讲坛。

三、 成熟的教师要在教学改革中修炼

进修积累，讲坛练功，我初步摸索了一些提高教学质量的门径，终

于也能"多收三五斗"。我真是喜不自胜，不说功成名遂，至少已经成为一个比较称职的语文教师。然而，十年"文化大革命"，一场浩劫，不仅使语文课本变成了语录本，摧毁了语文大厦，更打破了我成为一名优秀语文教师的美梦。但是，这样的环境变革并没有动摇我的语文教育理想。正是这十年中，我逍遥地阅读了古今中外大量名著。即使在瘘管手术期间，我仍坚持完成了哲学和辩证逻辑等方面的理论进修。我坚信，恶劣环境可以挫败弱者，但如果做个强人，也可以凭自己的努力在不利环境中求生存，获得自我发展。所以说，"文化大革命"没有改变我对母语的挚爱，也没有动摇我决心终身探索语文教学的志向，更没有毁灭我的语文教育理想。

"文化大革命"结束后，我成了学校语文教研组组长，很快投入"抢救"语文的千军万马之列，用火山爆发那样的热情去夺回"文化大革命"给语文教学造成的损失。其时，我40岁，因超负荷地在各年级上课，喊裂了声带。原来在中学、大学曾是"著名的男高音"，拥有"漂亮的音色"，此时喉咙却像破了的砂锅，显然，教学停留在高耗低效的状态。其时，叶圣陶、吕叔湘等专家大声疾呼，大力提高语文教学效率。追求语文教学科学化，提高语文教学效率，成为我当时的不懈追求。我进行教学研究，撰写教科研论文的热情也像久塞顿开的泉水，汩汩流泻。我边教学边总结边研究，初中、高中，毕业班、非毕业班，都有我的"试验田"。三尺讲台是神圣的，它成了我锤炼教育思想和教学艺术的练功台。1978年，我以"亦教"笔名发表了万字论文《试论语文的工具性》，在扬州语文界引起了强烈的反响。此后，我不断发表教学经验论文，在重建被"文化大革命"破坏殆尽的语文教学方面贡献了自己的一分力量。正当我陶醉在成功的欣喜之中时，在"文化大革命"中曾遭批斗的于一平老校长，在党的三中全会政策后复职。这位20世纪30年代毕业于上海正风文学院，又在解放区担任过教员的学者型校长，就是名闻遐迩的"南施北于"的苏北"于一平"（"南施"，指苏南常州中学的老校长、老教育家施绍基）。于校长语重心长地说："一个只能埋头教书的教师，充其量只是个教书匠。只有既教书又看路，投身教学改革，才能成为好教师，才可以成为教育家。"老校长的一番话，在我的为师路上树立了一个新的路标，指明了一条通向更高的奋斗目标的金光大道。是啊，埋头教书，可以获得更多教学成果，可以送一批批学子进大学，可以享受"得英才而教之"的甜美，可以做一个安分"称职"的教师。然而，抬头看路，投身教学改革，需要从更高层次上去探语文教学之路，求语文教学之真，解语文教学之谜。我分析了当时语文教学的状况，教师教书热情普遍高涨，许多人像我一样满足于拼嗓子，拼时间，搬"大山"（指作业），改作文，学生学习负担过重。在应试教育背景下，语文教学被肢解割裂，语文训练碎片化，耗时多，效益低。吕叔湘、叶圣陶等著名教育家在报刊撰文，大声疾呼"救救孩子"，呼吁大力改革语文教学，提高语文课堂教学效率，向教学规律要质量。这对我触动很大，我深切地感到，要做个好教师，仅仅抱着书本上好课是远远不够的，必须到教学改革的风浪中摔打，要以探索高效语文教学之路为己任，改变语文教学"少慢差费"的状况。于是，我第三次从零开始，踏上了漫长而艰难的语文教学整体改革之路。提高语文教学效率成为我的不懈追求。

20 世纪 80 年代初，我在语文教学中进行了多项整体改革，从整体上探索提高语文教学综合效应的新路；同时，选择高中、初中各一个年级搞试验。担任行政工作后，我仍然在实验班执教，种"试验田"。改革激发了我的探索精神和创造意识，使我逐步向成熟型教师转化。在改革试验中，我研究了中外教育家的大量著作，收集了中外关于语文教学方面的资料，做到"既东张西望，又脚踏实地"。我立足自己的教改实践，学习借鉴他人的教改经验，对语文教学的目的、任务、性质、原则、教法等进行了一些研究，写成一部 23 万字的论集《语文教学之路》（与程良方合作），还先后出版了多部专著，编写了初、高中系列写作教材《初中学生作文系列训练(三阶十六步)》《高三作文系列训练(三阶十六步)》，《作文百课》在核心期刊上全年连载，还编著了供全省许多重点中学思维训练教学用的教材《写作与辩证思维》。

教改实践磨炼了我的思想，提高了我的理论素养，也磨出了不少行之有效的经验。我从三个方面探索了整体提高语文教学效率的途径。

在教学改革中修炼

第一个方面是研究不同文化基础、不同心理素质的学生学习母语的规律,实施因材施教。20世纪80年代后期,我教高中一个班语文。课堂上,我发现一位同学坐在位置上抖动不停,我从他的神情、姿态看出他烦躁不安。这位同学智商极高,学习成绩优异,而且有良好的学习习惯,读书、作业从来一丝不苟,每晚坚持九点半前入睡。即使在他父亲得了癌症卧床时,他仍一面安慰父亲"坚强些,坚强些",一面继续学习,起居一切照旧。我判断他的不安,主要是因为我教的内容他早已掌握,尽管听不下去,但仍克制自己,不影响课堂教学。因此,我宣布以后上我的语文课,他可以自学,超前学,甚至可以读名著。他获得了更多的空间,学习更为主动,成绩更加优异,高考时获江苏省理科第一名的佳绩。另一名文科班同学,只对写小说有兴趣,历史、地理成绩都不及格,我们称之为"瘸腿"。我告诉这位同学,作文课可不做我的命题作文,干脆写小说,但也附加两条规定:第一条规定是平时写小说,除了写生活,还要尽量写些历史、人文方面的题材;第二条规定是保证学习其他科目的基本时间和精力。他同意了,为了寻找历史题材,他必须去学习历史常识。他逐步对历史学习产生了兴趣，后来不仅历史成绩赶上来了，而且在杂志上发表了《黑骏马》等许多小说，最终被苏州大学看中，免试保送进了苏州大学。我坚持正确对待后进生，提出"大匠无弃材"，从最后一名抓起。对一些语文成绩差的同学，首先是提高他们的信心。一位女生写作文始终只有几行，可谓"兔尾巴"作文。我用先放后收的方法，先让她想什么写什么，想到多少写多少，但尽量多写，从几百字后来写到了一两千字。之后，我便要求她围绕一个中心再逐步收缩，一年后，这位同学的作文每篇写到一千多字，后来考取了南京大学。

第二个方面是把夯实基础与灵活应用结合起来，教学求实求活。我对学生进行多种语文基础训练。这种训练不是孤立的文字游戏，而是把知识置于语境之中。印发大量佳作，让学生泛读，通过讨论，自己归纳出知识；设置一个生活情境或话语情境，让学生在这些特定语境中应用所学的语文知识。作文命题力戒僵化，留足空间，让学生有话可说，有事可陈，有理可论。为此，我专门写了一篇论文在上海《语文学习》上发表，题为《让作文教学活起来》。

第三个方面是倡导启发诱导式语文教学，摒弃灌输的教学方法，激活学生学习的动因。我结合试验，总结了诱导式教学方法的"引读十法"，设计了 23 种课型。这些想法陆续发表在杂志上。

为了更好地研究和改革语文教学，我参加了江苏省中学语文教学专业委员会(简称"江苏中语会")的组建，多年担任江苏省和全国中语会理事。1982 年，我参加在苏州召开的"叶圣陶语文教育思想研讨会"，认真钻研前辈深邃的教育思想，撰写了《重在引读》一文，阐述了叶圣陶倡导的引导的艺术。大会从两百多篇论文中选出十多篇成集，该文为重点论文之一。

在教学改革中，我不断修炼教育思想、教学艺术，因此，我的思想素质、能力素质、文化素质等得到了前所未有的提高。这使我深深感到教师要在教学改革中修炼，教学改革是教师放飞的自由天空。

这个时期，我不懈地进行教学改革，不断自我超越，在教育工作中取得了一些成绩。1984 年，江苏省人民政府授予我"江苏省特级教师"称号；1988年又评为首批"江苏省有突出贡献的中青年专家"，泰州市优秀党员；1993年荣膺"全国教育系统劳动模范"；1994年在全国普通教育届首批享受国务院特殊津贴；1997年被评为"江苏省名教师"。《语文教学通讯》等几家杂志先后将我列为封面人物，介绍我的教学改革经验，同时发表《教改难，路在哪儿?》等专访。这些宣传在语文界产生了积极影响。随着教改的深入，我对语文教学做了全方位、多领域的研究，提出了"五说"(工具说、导学说、学思同步说、渗透说、端点说)教育观；进行了构建语文教育"链"的尝试。所谓语文教育"链"，就是积极探索并构建"知识—引导—历练—能力—习惯—素养"的语文教育新体系，揭示语文教学的内在规律，从而达到获取语文整体教学效应的目的。我从自己的经历中体会到，改革之路可以有许多条，但都离不开甘愿吃苦的精神、百折不挠的毅力和锲而不舍的韧劲。在教学和自我提高过程中，我坚持用"律""挤""拼"来要求自己：以明确而切实的目标"律己"；将会前、饭后、课余的时间"挤"出来读书；用"拼搏"的劲头搞教改。我深知，许多人的成功是以牺牲青春的幸福为代价的。虽然我当时还说不上能在课堂里"随心所欲不逾矩"，但回视自己为师路上的一个个脚印，心里多少有几分慰藉。

我在这段为师路上，虽然并没有什么惊人的飞升，而且自知离"做一个好教师"的目标还有很长的路程。然而，回首前一段奋斗的历程，我深深体会到"在教学实践中，教师不仅天天在塑造着学生，而且时时都在塑造着自己"。我坚信，每个愿意为教育事业献身的教师，只要有矢志不移的决心，有不畏艰难的精神，又能找到一把自我提高的钥匙，并真正把积极探索语文教学规律作为他终身的任务，"做一个好的、成熟的教师"的目标并不是那么遥远的。

四、 编教材，用教材的先进理念制约教学

当时语文教学效率不高的问题仍严峻地凸显。如何实现语文教学科学化与艺术化的结合，如何真正改变语文教学的高耗低效状况等课题，尚待深入研究。我再次进行反思，用心寻找问题的症结，寻找新的零点。

　　一次偶然的机会，我去扬州大学拜访全国著名的语文教育家顾黄初教授。我告诉他，我的一部 23 万字的专著即将出版，请他写序。我说，下一步我有两条路可走：一是继续深化语文教学方法的研究；二是编实验教材。交谈中，我们都流露出了对教学低效和教材滞后的不满。顾先生脱口而出："编教材！"这句话使我眼前一亮，于是我和顾先生在他家开起了"研讨会"。我回顾了自己七八年间对语文教法的改革，感到虽触及了各个领域，但总是深不下去，症结是教材不适合教学。教材不科学，再好的教法也不能奏效。我们讨论了很久，最后形成共识：用教材来制约教法，用先进的教材理念改变落后的教学理念。编教材，这确实是一招好"棋"！说干就干，1983 年，我草拟了教材编写方案，次年编出教材初稿，并作为实验课题上报。它先被列为扬州市科研项目，后又被列为江苏省教育科学研究所科研项目。教材编成，我亲自执教。一轮教完，不是小有成效，而是大有成效。初战告捷，这一成果像火柴头点燃了我从事母语教材编写的熊熊大火，我又一次寻找到事业突破的零点。

　　教材作为科学文化的载体，是社会文明的象征，是国家意志的体现。一个时代需要一个时代的教材。迈向 21 世纪的中华民族，需要与改革开放相适应的教材，这确实是时代的呼唤。编教材，用先进的教材理念改变落后的教学思想，固然是一个非常大胆的设想。然而，编教材谈何容易！撇开传统的教育观念和方法不说，仅就教育体制的现状而言，在一个什么都讲究统一的教育领地，以个人的名义主编一套实验教材可能吗？中华人民共和国成立几十年来，一直是国家教育部的专业机构组织最著名的高层专家学者统一编写，我只是一个普通中学的教师，即使小有名气，在全国教育界高手如云的形势下，能行吗？

　　如果说我没有足够的思想准备，那是不符合实际的。凭着我多年的社会阅历和对教育行业的熟悉，我确实预料到这将是一条充满荆棘、举步维艰的路。但对一个追求人生最大价值的改革者来说，困难恰恰是使石墨在压力下变成金刚石的炼狱。我的顾虑终于被强烈的责任感和自信心代替。我与泰州中学的同人，以及省内外的部分老师合作，组成了教材编写组，开始了长达 25 年的编写教材的长征之路。

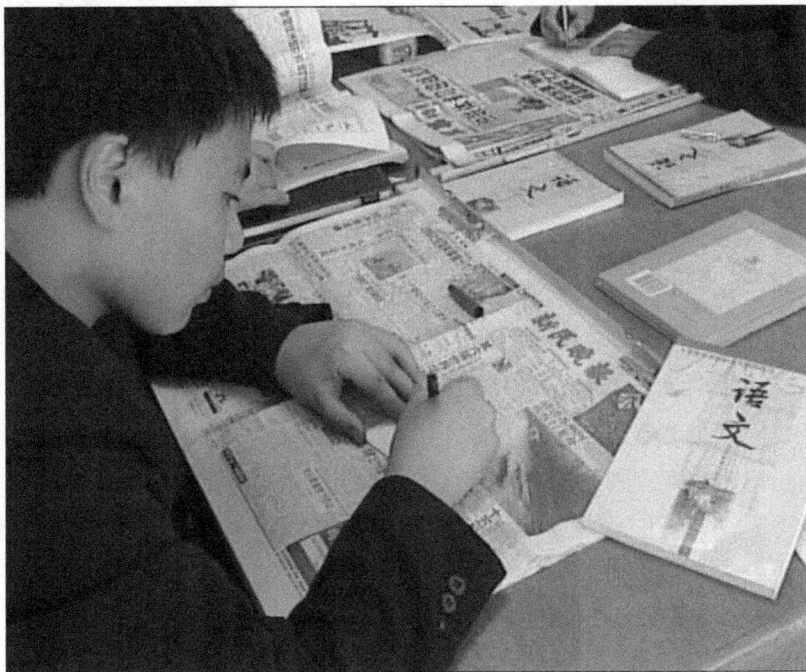

编教材

1983 年，同人们不知是为我的执着所感染，还是本来就蕴藉了那么一股精神，他们不约而同地会集到我身边。刘毓、田如衡、任范洪、程良方、蔡肇基、柳印生、陈霖、王铁源、戈致中、杨延峰、潘煦源、林润昌……我们组成了一个战斗方阵。

确定指导思想是编写教材的关键。纵观全国，不少省都在搞实验课本，有官方的，也有民间的。各家都施出浑身解数，力图开辟出语文教材的新天地。在传统教材的投影和新时代的风尚中，我把视线投向那"灯火阑珊处"。以"三个面向"（面向现代化，面向世界，面向未来）为指针，以落实素质教育为宗旨，面向大多数；重在能力培养，重在思维训练，重在读、写、听、说综合应用，重在整体把握教材主旨；利教便学，把学生从沉重的身心负载中解脱出来。

本着这些基本理念，我们确立了"一本书、一串珠、一条线"的"单元合成、整体训练"的体系。"一本书"，即读、写、知分编内容的整体有机结合。"一串珠",即单元串珠,每个珠式单元又由读、写、知各个小珠组成,大珠小珠,相互顾盼。"一条线",即以读、写、听、说能力训练为主的,多股交织成集合线。就这样,蓝图悄悄编织了。为了提高教材的说服力,我亲自用油印本执教一个班。一轮教完,原来进校时,这个班与其他班水平相齐;初三毕业时,学生不仅学业成绩遥遥领先,而且读、写、听、说能力和思维能力明显提高。这个班的每个学生都可以到附近的实验小学高年级做演讲。我执教的《你看他(她)像谁——为本班一位同学画像》的作文试教课,得到来自全省各地的 800 余名老师的好评。这堂课制成录像在全省各县市播放。同学们的当堂作文汇成《一树果》作文集,大部分文章后来在各种报刊发表,其中 5 篇在《语文报》专栏上发表。几年追踪调查,这个班学生进入高中、大学后大部分成为优秀生。首轮实验成功了!这一成果像火柴头,点燃了我一生从事语文教材改革的热情。

"桃李不言,下自成蹊。"此后,全省各地老师纷纷到泰州中学交流。钱任初等 20 多位省城骨干教师前来交流经验;苏州教研室沈志直专程来校要求参与实验;常州教育科学研究所所长朱川彬带领新闸中学的教师来联系实验;江阴南菁中学邹石溪校长主动安排了几个试教班;海安、淮阴、江都、扬州、兴化等县市纷纷加入实验行列。接着,泰州举办了"合成教材"的第一次理论研讨会。著名语文教育家、全国中语会理事长刘国正在会上宣讲了论文,赞扬我们的教材是大有希望的教材,并特别赞赏"分之系列清楚,合之形成整体"的编排思想和体系,称这套教材像乐师,奏出了最和谐悦耳的美妙乐曲。说主编是厨师,油盐酱醋搭配得当,巧在整合。叶圣陶长子、语文教育家叶至善则说:"我父亲生前就想编这样一套读写合成的综合性教材。他如果还在人世的话,看了这套教材一定会很高兴。"这次会议,让泰州这座历史悠久、文化深厚的小城陡然引人注目、增色生辉。

1985 年,教材实验被列为扬州市教科项目;1986 年,它又被列为江苏省教育科学研究所的科研项目;1987 年,教材实验升级为江苏省教研室、江苏省普教局的实验项目。从 1 个班到 3 个班再到 10 个班,从 1 个县市到 10 个县市，教材实验规模不断扩大。省里派来朱芒芒专职抓教材实验工作。开始时用的是凭准印证印的内部出版本，为扩大实验，我谋求正式出版。普教局袁金华局长亲自出具"担保责任书"，教材方在 1988 年秋由江苏教育出版社正式出版。其时，实验区虽严格按规定控制在 200 个之内，但省外已星罗棋布，在上海、黑龙江、贵州、广西等全国 15 个省(市、自治区)分设了样本班。教材改革实验正是这样一步一个脚印发展的，教学理念的大厦也正是这样一层一层地盖上去的。

1986 年，国家开始制定"一纲多本"的政策，这是我们的教材起飞的良机。它使我们的教材进入"柳暗花明又一村"的境界。根据这项政策编写教材，既是国内语文教育的现实需要，也是社会发展和母语课程教材建设的必然趋势。1989 年 1 月，我有幸与斯霞老师等人参加了原国家教委在唐山召开的第一次语文教材改革座谈会。会上学习了何东昌的报告。报告说："如果没有好的教材，正确的教育思想、内容得不到体现，也影响教育方法的改革。同时，教材在一定程度上影响和决定着师资的要求。好的教材在一定程度上有助于克服目前师资水平低所带来的教学质量不高的问题。"① 虽然这是仅十几人的小会，但我收获甚丰：既沐浴了中央着手课程改革的春风，掌握了教改信息；又结识了当时中学语文界最高层次的专家学者。

1990 年 10 月，内部准印出版的教材第三轮实验结束时，原国家教委基教司副司长、教材办主任游铭钧闻讯专程来泰州考察我主编的教材，参观教材改革成果展览，详细翻阅上百份实验报告。一连三天，他召开实验班教师、学生、学校和市县教研部门领导及编者座谈会，对我们编写组所取得的成绩和改革精神给予高度赞扬，肯定"单元合成、整体训练"的初中语文实验教材是一套比较成熟的教材。他回到北京不久，国家教委便发文，决定把我主编的教材在国家教委立项，同时拨发了 5000 元实验经费。这 5000 元，胜过 500000 元，因为它代表国家教委的认可和支持。从教材开编起，我们从未向上级要过一分钱，所有研讨会费用都是

---

① 何东昌：《由编审合一改为编审分开》，载《中国教育报》，1986-10-04。

20 世纪 80 年代中期，我与著名特级教师斯霞
在省内外巡回介绍教学经验

在哪里开会就由哪里的主办人承担。且不说油印本要编者自掏腰包，铅印本发行 10000 册(200 个样本班)也只向学生收取成本费，三年未取一分稿费。这 5000 元是久旱得逢的甘霖，是荣誉，是激励。所以，我当时说了一句动情的话：一个国家行政干部，特别是高层的领导，他可以一手遮天，扼杀一个刚萌芽的新生事物的柔弱生命，他也可以用他的一双手托起一个太阳。游铭钧、袁金华、郑万钟，后来的周德藩、杨九俊、陆志平等省市教育行政部门领导，叶至善、冯钟芸、刘国正、顾黄初等专家，以及江苏教育出版社的赵所生、张胜勇等，他们中不乏能一手托起太阳的人。退一步讲，如果不立项，我主编的教材就没有资格申报国家审查，就赶不上"一纲多本"教材正式在全国推开的"头班车"，也就不会发展到今天这样的规模，有今天这样的气象。

30多年来，我主编了3套经国家审定的初中语文教材。3套教材，与时俱进，呈现出第二套对第一套、第三套对第二套否定之否定的态势，不断提升水平，日臻完善。最终，第三套教材推行到全国26个省、市、自治区，发行1.4亿册，成为具有全国影响力的教材之一，沿用至今。

在北京市海淀区的"课程与教材教法改革研讨会"上介绍新教材

五、 中外母语比较研究，构筑现代巴比伦塔

进入花甲之年，本应"解甲归田"，颐养天年，但回顾前三十年的历程，我觉得自己的语文教学整体改革之路尚未走完。我时年六十，身体尚可，又摆脱了学校行政事务，获得了更多的属于个人的时间与空间。课改正在深入，我自悟到每一个有使命感的改革者不应却步。更重要的是，当时自己具有近四十年语文教学与教材编写的积累和感悟，应当进行更高层次的理论研究，即从讲台上再走到书架上，以"立言为径"，作

为六十岁以后的新追求。

面临着第四次从零开始，我毅然承担起"九五""十五"国家重点科研项目"中外母语教材比较研究"，主持百年中国和世界 45 个国家与地区，8 大语系 28 个语种的母语教材研究。参与该课题研究的人员有中外学者专家近 200 人，大家组成了一个庞大的学术研究的"非常集体"，而我总是说，我是"小马拉大车"。"小马拉大车"靠的是什么？靠的是"无我才有我""无为才有为"的精神，靠的是敬人、信人、融人的准则和艺术，靠的是火焰一般的热情，靠的是维系人心的人格魅力，靠的是不断从零开始，自我超越的精神、魄力和勇气！2005 年，正当课题研究的高潮期，我因动大手术住院 108 天，输血 9000 毫升(相当于全身血量的两倍)，仍在病床上完成 2 篇论文。其时，由于这个"非常集体"的齐心合力，我们终于完成了三期 16 卷 840 余万字关于母语教材研究的皇皇巨著，扩大了中学语文整体改革的视野，完善了中学语文教学整体改革的体系，形成了中学语文整体改革的模型和流派，并为国家制定母语课程教材路线、方针、策略提供了理论参照，从而在中外母语教育研究中构建了现代巴比伦塔。

在六旬以后的近二十个岁月里，我取得了一生的最高成就：先后荣获江苏省哲学社会科学优秀成果一等奖、国家图书奖、全国教育科学优秀成果一等奖、江苏省优秀教学成果一等奖、首届江苏省基础教育优秀教学成果特等奖、中国教育学会中学语文教学专业委员会成立 30

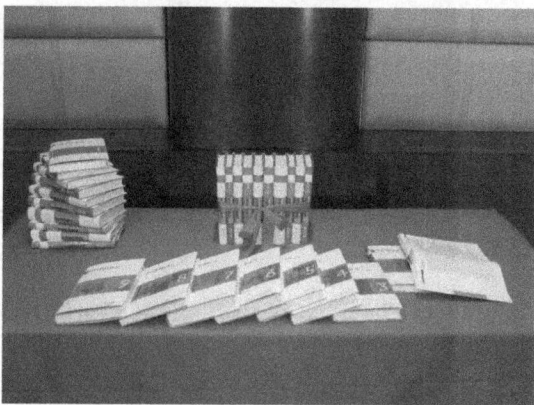

完成了三期 16 卷 840 余万字
关于母语教材研究的皇皇巨著

年终身成就奖等。2007 年，由江苏省教育厅授予"江苏省中小学荣誉教授"称号。2009 年，当选"新中国成立 60 年课堂教学的开拓者""新中国成立 60 年江苏教育最有影响的人物"，成为《人民教育》60 年来报道的最有影响的人物之一。2008 年、2013 年，教育部和江苏省教育行政部门先后联合举办了"洪宗礼语文教育思想研讨会""洪氏教材 30 年暨洪宗礼语文教育思想研讨会"，中外 1000 多位专家学者及教师与会。2010 年起，我担任了两届国家基础教育课程教材专家委员会委员。2011 年，我受聘为"江苏省人民教育家培养工程"导师。2011 年，教育科学出版社先后出版了《这就是教育家——品读洪宗礼》评论集和《从教师到教育家——洪宗礼评传》，全面报道和评论了洪宗礼的业绩。2011 年，我获全国教育科研一等奖。2013 年，中国教育学会名誉会长顾明远题词，赞誉我为"中国语文教育改革的一面旗帜"。同年，高等教育出版社出版了百万字的大型专著《洪氏语文》，开创了洪氏语文教育学派，标志着洪氏语文教学流派和模型形成。2014 年，综合教学成果《中学语文教学整体改革的实践与研究》获首届"国家级基础教育教学成果一等奖"。

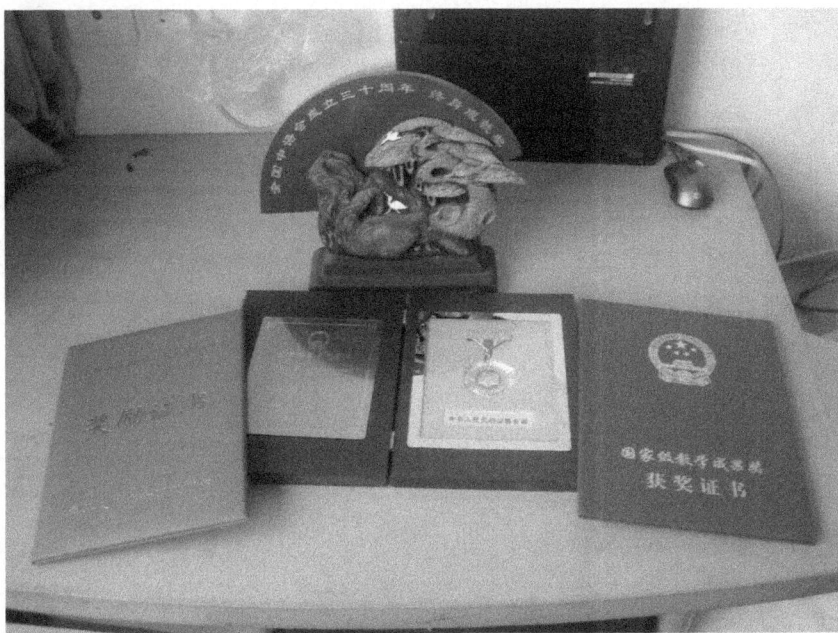

2014 年，荣获首届"国家级基础教育教学成果一等奖"

回眸自己五十年走过的语文教学、语文教材编写与学术研究之路，我时刻牢记：只有始终以零为起点，不断追求新的教育理想，树立坚定的信念，才能跨越脚下一个个巍巍巅峰。面对一个个荣誉，我践行归零思想，把自己的一生比作一个圆，圆上的每个点，既是终点又是新起点，我会永远走在起点上。我在每个终点上进行反思，积累感悟。总结起来，我一生的体悟可概括为四个字：学、思、行、爱。三句话：把职业当事业干，一定能成就大事业；把工作当学问做，一定有大学问；把细活当精品磨，一定会出大精品。

第一，学，是立业的基础。一是向书本学习，包括知识、专业、理论。有人说我是一本读不完的书，我说我从来没有读完人生的书。二是要向实践学习，在不断探索中学习新经验、新的创新。有人说我是不甘寂寞的人。是的，我始终有追求感、使命感。大学毕业是新的学习起点。1978年，我发表了万字论文《试论语文的工具性》，1978年出版了第一本专著，后来三次出文集，但从未止步，不断寻找新的改革目标。1983年起，我下决心编教材，以教材改革来推动教学改革。《中国教育报》发表评论，说我是"拼命三郎"；《江苏教育报》发表评论，说我从教师走向了教育家。我六十岁时(1997年)又开始搞中外母语比较研究，用一生的教改感悟，梳理中学语文教学整体改革的教育体系，创建了洪氏语文教学流派和模型。总之，一个起点高出一个起点，又不断践行归零。

第二，思，就是做思想者。有研究心，不断提升思想、智慧和理念；教学与研究都不搞本本主义，善于独立思考，有自己的见解，有独特的学术思想。著名语文教育史家顾黄初称我们中外母语比较研究课题是20世纪语文设课100年来语文教育研究上最高的一项成果，原因是不抄书，所有成果都是在实践中独立思考而提炼出来的。在教学研究中，我从不盲从，而是说自己的话，走自己的路，圆自己的梦，有自己的思考。我提出教师主导不是主宰，学生主动不是盲动。教则要求善于引导学生"学会、会学"；讲究"讲"的艺术，讲得精练、精要、精当、精彩，特别要善于引导学生自己学。我总结了15个"善"字，观察6种眼神，所以说，"讲"也是一种艺术，不仅不能舍弃，还要加强修炼。学应当学得主动、学得活，能够"自求得之"。所以，在张家港华东片区的高端研讨会上，我大喊"语文教学要死去活来"。

第三，行，就是践行。教学实践和改革道路上是铺满鲜花的，又是荆棘丛生的，有志改革者要勇敢地向困难叫"不"，要有韧性，锲而不舍。对改革者来说，每个挫折都是机遇，每次反思都会爆出灿烂的火花，"最困难的时候就是最有希望的时候"，要斗疾病，舍名利，拒诱惑。

特别重要的是坚守讲坛。教师的做功就落在讲坛上。我和我的团队都不脱离讲坛，坚持"三边"（边教学、边总结、边研究）。我当校长、研究教材、编写教科书、教学"四肩挑"。60岁前一直在上课，高中、初中各年级课都上，始终站在一线。所以，教师照相的最佳角度是从讲坛走到书架上。我说过讲坛，不仅是教书之坛，而且是"圣坛"（神圣的，圣人讲学的地方），是"神坛"（会出现奇迹的场所）。总之，做比说更难。

第四，爱，就是珍惜"师爱"。包括爱学生、爱专业、爱教育。爱是核心，是成师的根本，是教师专业发展的至高境界。师爱无疆，超越母爱。要爱得无比深沉，有宗教般的虔诚的信仰。

要有这样的"师爱"，就要达到"无我才有我""无为才有为"的境界。我40岁时曾有成为市委宣传部长、地级市教育局长等的从政机会。我对考察人员说："当教师，我是师傅；当了校长，成了徒弟。我这个人生性就是好为人师。"我婉拒了。1989年，扬州大学党委要调我去当教研室负责人，并许诺先转副教授，三年后即送评正教授。我说："'橘生淮南则为橘，生于淮北则为枳。'位置不重要，重要的是能发光。"我适合在中学工作，到大学也许长处成了短处，所以也婉拒了。我为什么这样做？因为我认为"位置不重要，重要的是能发光"。我真心实意地钟爱我的语文教育事业。当中学语文教师，我义无反顾，我永远不会放弃挚爱的语文专业，尤其不会放弃已铺开的实验和研究。后来，我的同人、朋友中许多人都升迁了，我心甘情愿地在语文教育的沃土上终身耕耘，自我发展。总之，一个"爱"字成就了我的语文教育的昨天、今天和明天，也成为《中学语文整体改革的实践与研究》获国家最高教学成果奖的源头。

第二章

认识母语，
挚爱母语

一、 母语无价

母语是一首最美妙动人的诗，它的蕴意丰富而深邃。

自幼时读书塾始，母语便为我奠基，伴我成长，铸我理想，成就我的事业，与我结下不解之缘。

只要是中华儿女，不管他在天南还是海北，只要他的良知未泯，都会为祖国的母语和母语文化而充满自豪，备感骄傲。

母语天天都给我启迪，给我智慧，给我力量，给我美的享受。

在母语中觉醒，在母语中感动，在母语中陶醉，在母语中成长发展，这是中华儿女坚定的教育信仰，也是人们对母语教育的价值追求。

建设母语，就要热爱母语，呵护母语；就要发展母语教育，提升母语的地位，并扩大它的影响。我一生挚爱母语，亲近母语，探究母语，弘扬母语，钟情于母语教育。

保护语言的多样性就是保持多元文化的繁荣。从某种意义上讲，尊重、保护和容纳世界民族语言的多样性，就是保护人类的多元文化。

语言还是表达艺术、创造艺术魅力的基础和手段之一。

母语教育、母语课程教材建设的根本目的，就是更好地弘扬祖国的文化、人类的文化。所有母语课程教材改革者都必须直面母语课程教材的文化价值，必须致力于加强对民族优秀文化的理解、吸收、创造和发展。

母语课程教材改革，就是要站在历史发展的高度，从更广阔的视野来塑造母语课程教材文化。

母语的地位、价值是由母语的性质与功能决定的，我们必须全面而正确地认识和理解母语的功能性质及母语教育的目标。

世界上有六七千种语言，各民族一般都有自己民族的语言。语言的多样化是文化多元性的基础。关于母语的含义，各类权威文献表述不尽相同。一般认为，母语指一个人最初学会的本民族的通用语。这个定义的核心要素是"本民族"。然而，随着世界现代化、信息化社会的迅速发展，国际交流的增多，各国的历史、政治、文化等生态有了发展变化。

一种民族语言，往往为许多国家所使用，例如，英语就是一种世界通用的语言。另外，世界上有不少国家(尤其是移民国家、多民族国家或原来的殖民国家)鲜有自己的民族语，或自己的民族语衰退，而被其他强势民族的语言（即外来语）取代。

民族语与外来语的渗透，大众语与官方语的交叉，古代语与现代语的关联，导致了"多国一语""一国多语"的世界语言多元、复杂格局的形成。这个变化发展，使人们对母语作为"一个人最初学习的民族语"的含义产生了新的困惑，也让我们认识到世界母语发展形势的严峻。为了保护人类的多元文化，必须尊重、保护和包容世界民族语言的多样化。

鉴于世界语言发展的格局和"多国一语""一国多语"的现状，以及多彩的语言、多彩的文化、多彩的经济构成的多彩世界，因语言同化、异化而形成的语言文化彼此渗透的格局，使语言在国际交流中的功能地位凸显出来。

在经济全球化、现代化、信息化的当代世界，无论哪个国家哪个民族，都不约而同地把母语教育、母语课程教材的发展与创新，放在基础教育改革的显著地位。我们从40多个国家和地区对当代语文学科的周课时和各学段的总课时的安排中了解到，除德国近几年因欧盟要求学两种官方语而相对减少了母语教学课时外，语文学科的课时在所有学科中是最多的。美国等国家历来把母语教学放在各学科之首，语文周课时大多在8课时以上。当前某些地区、某些学校"轻母语、重外语"的思想和做法都是不足取的。国家教育行政部门应采取果断措施，改变这一现状，在适应改革开放需要、加强外语教学的同时，确保母语教学的"首要"地位。汉语是我们的母语，是中华民族的共同语言。汉语是世界上使用人数最多的语言，也是屹立于世界多样语言之中的使用历史最悠久且最优美、丰富的语言之一。中国作为世界文明古国，有五千年的文明史，有文字记载的历史则有三四千年，传统语文教育延续两三千年，现代语文教育也有百年之久，确实是源远流长的语文教育的泱泱大国。无数仁人志士的不懈奋斗，终使我国母语教育有了长足的进步，哺育着一代代学子成长。

传统的汉语文教育具有其他语言文字不可替代的地位，有着无可比拟的优越性。积累、感悟、涵泳，是汉语学习的特点。尽管汉语和汉语文教学存在某些弱点，但是可以在改革中得到改造和完善。作为中华民族的共同语言，汉语在社会主义现代化建设，在教学、科研、文化、生产等各领域的学习、交流和思维等方面的价值功能是不可忽视的。正是因为汉语在传承、弘扬中华文化方面，在社会交际、信息传递方面，具有不可替代的功能和十分重要的价值，所以，我国历次制定的课程标准、教学大纲都始终确认语文学科在中小学各学科中的"龙头"地位和"基础的基础"作用，始终把语文列为核心课程，把学习、理解和应用祖国的语言文字作为语文教育的主要目标。所以，我说："母语无价。"

二、 语言也是文化

语言承载文化，传播文化，弘扬文化。语言可以表达人文文化、历史文化、科技文化等一切文化，因此，它又是传承人类文化的工具。语言本身也是一种文化，即使是在识字教学中的辨字形、字义、字音，亦为传承先民的造字文化；有了造字文化，人类文明才有了升华。可以说，语言是人类文明的象征。因此，以大文化观而言，语言在诸多文化中一枝独秀；以语文观而言，其本身蕴含着深厚的文化，是创造艺术的文化。

语言还是表达艺术、创造艺术魅力的基础与手段之一。在社会发展中，只有借助语言才能进行科学研究，分享科研成果。没有语言，就没有文化，没有艺术，没有科学，甚至一切社会交流都会无法进行。在语文教育中，语言和文化是密不可分的共同体。语文课程文化只有借助语言才能表达出来；学习者也只有在语言研习的过程中才能培育审美观念，体味、感受、涵泳语言文化之美，获得文化熏陶。

母语教育、母语课程教材建设的根本目的，是更好地弘扬民族的文化、人类的文化。每个语文教育工作者都必须直面母语课程教材的文化价值，务必致力于加强民族优秀文化的理解和吸收、创造和发展。一个民族的语言文字不仅是符号系统，它还反映了一个民族认识客观世界的思维方式，蕴含着民族精神的深厚积淀。它是维系民族精神和民族感情

在上海召开"中外母语比较与创新研讨会"

的心理纽带，是民族生命的组成部分。当然，认同语言的文化价值，并不意味着否定、淡化语言文字作为载体、工具的基本功能和个性特质。母语教育和课程教材改革，就是要站在历史发展的高度，以更广阔的视野塑造母语课程教材文化。

母语是一个民族文化积累的地质层。我们绝不能只把它看作一个民族的语言文字，不能仅仅是一个个单纯的符号。

用现代观念考察语文，从交际层面看，它是表达和交流的工具；从体现国家意志和渗透思想道德观念看，它是民族国家生存发展的基础；从传承、弘扬文化看，它是积淀、传播文化的载体；从发展人的情感看，它是文学教育、审美教育的重要组成部分。由于语言本身是一种文化，因此，它又具有很高的人文价值。这是语文具有民族凝聚力的根本原因，也是我坚持语言文化统一观的缘由。

三、 语文是基础工具

《论语》说得好："工欲善其事，必先利其器。"工具与工效关系密切。

要想取得良好的工效，就要在准备工具和掌握工具上下功夫。钝刀子割肉，为什么半天也割不出血来？虽不能说与操刀人的割肉技术无关，但恐怕主要还是因为刀子"钝"。工具不好，事倍功半。三百六十行，行行有工具。行业不同，工具各异。但是，有一种工具却被三百六十行广泛运用，农、工、商、学、兵，行行用得着，这就是"语文"。("语"就是口头语言，"文"就是书面语言。)使用不同工具的人们，都共同运用"语文"这个工具，因此，语文工作者就把"语文"称为大家的"基本工具"。另外，就学校的教学而言，自然科学方面的天文、地理、数学、物理、化学、生物，社会科学方面的文、史、哲、经，学习、表达、交流都必须用语文这个工具，所以说语文本身既是一门学科，又是学习其他学科的工具，因此，人们又称它是"基础工具"或"工具的工具"。这是一个简明而又科学的概括。

作为"基础工具"的语文，它和其他生产工具既有共同点，又有不同点。

语文和生产工具如锤子、锄头一样都属于工具。一切工具，最显著的共同点是没有阶级性。谁能说锤子、锄头本身有什么"阶级烙印"呢？作为人们交际工具、思维工具的语言，它不是上层建筑，不是社会存在的反映，同样也是没有阶级性的。"语言本身是一定共同体的产物，正象从另一方面说，语言本身就是这个共同体的存在，而且是它的不言而喻的存在一样。"① 斯大林在《马克思主义与语言学问题》中指出："历史告诉我们：民族语言不是阶级性的，而是全民性的，是对於民族组成成员共同的、对整个民族统一的语言。"② 革命导师深入浅出的论述，至少告诉我们两点：第一，每一种语言都是属于全民族的，本身没有阶级的烙印；第二，各个阶级都设法利用语言文字为本阶级服务，语文掌握在哪个阶级手里，就能为哪个阶级服务。

语文和其他生产工具既有共同点，又有不同点。斯大林说过："语言和生产工具之间存在着根本的差别。这个差别就是：生产工具生产物质

---

① 《马克思恩格斯全集》第 46 卷上册，489 页，北京，人民出版社，1979。
② 斯大林：《马克思主义与语言学问题》，10 页，北京，人民出版社，1957。

财富，而语言则什么也不生产，或者只是'生产'词而已。"① 不能生产物质财富的语文，它自身的特点和特定的作用是什么呢？

语文是从事社会主义现代化各项工作的工具。斯大林曾说："语言之替社会服务，乃是作为人们交际的工具，作为社会中交流思想的工具。"② 我们在政治、生产、生活等各个领域所积累的经验，以及前人无比丰富的物质和精神成果，无不需要运用语文工具在广阔的范围内交流。我们在任何时候，做任何工作，都离不开语文工具。试想，一个干部、一个理论工作者若不能用语文来阐明、宣传党的路线、方针、政策，一个科研工作人员不能用文字来表达自己的研究成果，那么他对社会主义事业的贡献一定会受到很大限制。就是当一个普通工人，从现代化生产看，不掌握语文工具，他的作用也不能很好地发挥。例如，某厂工人在技术革新中试制成功一种紫外线仪器，这一产品在石油、纺织工业、邮电及科研工作中有广泛用途。上级要求写一则"文字说明"，连同产品一起送到全国性工业产品展览会上展出。要用几百字，准确而具体地说明这一产品的性能、特点、构造、作用、试制过程、主要经验等，没有一定语文水平是不行的。这说明，语文确实是"生产活动和一切社会活动"必不可少的最重要的交际工具。

语文是人们交流思想和进行思维的工具。"语言是工具、武器，人们利用它来互相交际，交流思想，达到互相了解。"③ "没有全社会都懂得的语言，没有社会组成员共同的语言，社会便会停止生产，便会崩溃，便会无法继续生存。"④ 我们开会、学习、工作，天天在交流思想。如果离开听、说、读、写等语言表达，这种交流会立即停止。如果我们说话、作文不能准确表达思想，思想交流必然引起混乱。如果理解语言文字的能力差，对别人表达的意思就不能领会，对错误思想也就不能识别。

在社会生活中，语言不仅是交际的工具，而且是思维的工具。不论

---

① 斯大林：《马克思主义与语言学问题》，36 页，北京，人民出版社，1957。
② 斯大林：《马克思主义与语言学问题》，35 页，北京，人民出版社，1957。
③ 斯大林：《马克思主义与语言学问题》，20 页，北京，人民出版社，1957。
④ 斯大林：《马克思主义与语言学问题》，21 页，北京，人民出版社，1957。

是形象思维还是抽象思维，绝大部分都要凭借语言工具来进行。正如爱因斯坦所说，一个人的智力发展和他形成概念的方法，在很大程度上是取决于语言的。这在现代社会中尤其如此。有人概括了所谓"创造型""智力型"人才应具备的多种能力，多种能力的核心是思维能力，而思维能力与语文的听、说、读、写的能力始终是结合在一起，密不可分的。这是因为语言是思维的工具，思维不仅要凭借语言来表达，而且思维能力要在运用语言中得到发展。语文教学要为培养适应性强、具有创造性能力和开拓精神的新型人才服务，就必须帮助学生掌握语文工具。

语文是学习理论、学习各门文化科学知识的工具，也是教育的工具。加里宁说："学习祖国语文是学习其他课程的基础。"在普通教育中，语文具有综合性。它涉及一切其他学科的课程，也涉及"认识周围的世界、人和自然的知识教育和思想教育"。学生语文学得好，对他们提高思想政治觉悟，学好其他各门学科和掌握文化科学知识，迅速成长为有理想、有道德、有文化、有纪律的新人有着重要的作用。因此，从某种意义上说，学生学好语文对提高中华民族的素质具有积极作用。语文、数学、物理、化学等科都是基础课程，但语文是基础的基础。大量的教学实践表明：学习数理化、政史地，都是离不开文字的理解和表达的。如果语文底子太差，读不懂定理、定律、定义、原理、解说、例题、习题，就难学懂数理化。例如，有个高中学生在演算一道数学应用题时，把"途中"理解为"中途"，造成大谬。再如，有道物理习题是："指出下列物体间作用力和反作用力：人从小船上跳向河岸。""向"表示离船却没"到"岸，应回答"人和小船间的作用力和反作用力"。而有一个班级 70％的学生把"跳向"理解为"跳上"，回答是：人和河岸的作用力与反作用力。在数理化解题中，由于"或"与"且"，"着"与"了"，"有"与"又"等概念含混而造成的错误不胜枚举。我们曾做过两个调查：初中一个班 52 人，语文和数理化成绩优劣相应（即语文好，数理化也好；语文差，数理化也差）的 45 人，不相应的 7 人。一个高中班 49 人，语文和数理化水平优劣相应的 40 人，不相应的 9 人。由此可以明显地看出学习语文和学习数理化的关系。

语文是储存、传递、交流信息的工具。当代社会是信息社会，新的技术革命标志着电子计算机、自动控制、遗传工程、新材料、新能源的时代到来。要适应新的技术革命的要求，必须在各个领域进行信息交流。尤其是互联网时代，储存、传递、交流信息，都离不开语文这个工具。而这种交流不仅是在人与人之间，国与国之间，行业与行业之间，而且延伸到人与机器之间。例如，现代化的传声技术已经发展到这个程度，不仅通过电子仪表、地球卫星在太空同人对话，海空对话，而且人要同机器对话，即进行"人机对话"。没有语言工具，一切交流是不可能进行的。我们的语文教学实际上就是在学生大脑中有效地进行语言信息的输入、输出、检索、触发等程序交流。从我国现代化建设的发展看，从未来世界对知识增长和更新的需要看，通过语言进行信息交流，将越来越显示出它的重要性。

语文，归根结底是一种"基本"的"基础"的工具。语文学得好，对学生思维的准确性，知识的增加，世界观、人生观、价值观的形成，作用是很大的。

语文的"基础工具"的性质，决定着语文教学的作用和地位。吕叔湘说："语文教学在普通教育中的地位是数一数二的。"我们在教学实践中，一定要把语文教学放到这个位置上来抓。

四、 语文和人文附于"一张皮"

语文既然是"基础工具"，那么应当怎样理解语文教学的目的、任务呢？《义务教育语文课程标准(2011年版)》做了比较全面、科学的阐述："语文课程致力于培养学生的语言文字运用能力，提升学生的综合素养，为学好其他课程打下基础；为学生形成正确的世界观、人生观、价值观，形成良好个性和健全人格打下基础；为学生的全面发展和终身发展打下基础。"这个提法不仅肯定了语文的基础工具性，而且体现了语文教学中文道统一的原则。它抓住了语文区别于其他学科的特点，抓住了语文教学的主要矛盾。

文，语言文字；道，思想内容。在当今新的历史条件下，文道应有新的内容。有人认为：文，是泛指文章的语言及一切表现形式、表现手法；道，是指文章的思想内容，也指作者的思路、胸境、美、神，以及情感、态度、价值观。但不管怎么提，文与道是附于"一张皮"的。两者是相辅相成、密切联系的一对矛盾的两个方面。它体现了内容与形式的统一，读写训练与思想政治教育的统一，智育与德育的统一，语言教育与德育、美育的统一。文道统一这一原则体现了语文学科的社会功能及其教学进程的美学性。

　　道不离文，文不离道，文道互相依存，不可分割。文道是辩证的统一。但是，文道之中必有一个是矛盾的主要方面，决定着语文教学的性质和方向。在语文教学中，文和道两者，什么是矛盾的主要方面呢？就一般情况来说，内容决定形式。作为语文训练的文是形式，是手段，而不是目的，它是为思想教育服务的。但是，学生在语文课上主要是掌握和运用语言文字这个"手段"，即提高运用语文的能力，养成运用语文的习惯，这恰恰成了语文教学的重要目的。一切事物矛盾的特殊性，决定着它与其他事物的不同的特殊性质。语文是基础工具这个特殊性质，决定了语文教学的基本任务是帮助学生掌握语文工具。忽视了这一点，割裂了文和道的关系，就会抹杀语文教学的特点，就会把语文学科混同于其他社会学科和自然学科。在中学里，课程门类很多，各门课程之间既有一定的联系，又有自己的特点、重点，以及各自的教学目的和要求。以语文为例，它包括多方面的内容，有阐明政治观点的政论文，有介绍自然科学知识的说明文，也有诗歌、小说等文学作品。这些都是学生学习读写的材料，学生在学习过程中可以获得政治、社会、自然、文学各方面的知识。但是语文课毕竟是语文课，是基础工具课，它本身的矛盾特殊性决定了它的基本任务是掌握语文工具，而不是以学习政治、社会、自然等知识为主要目的。同样，数理化、政史地等学科，虽然这些教材也是用语言文字来表达的，但我们不能在这些课程的教学目的中加进学习语文这一项。因为各门课程特殊的本质决定了其特定的目的、任务。

　　语文要讲个性，没有语文味的"语文"就不是语文了，不能把语文这"美味佳肴"变为"大杂烩"。我曾经说过，语文姓"语"、吃"鸡"（谐音"双基"的"基"），这是语文教学之道。但文道统一，浑然天成。语文和人文是附于"一张皮"的。语文课在语文教学过程中，必须也必然进行思想道德教育。我们承认"文"是语文教学的主要因素，并不意味着语文教学中可以忽视"道"，不能否定或淡化语文教学中的思想道德教育。文和道，是始终存在于一个不可分割的统一体之中的。因此，语文学科必然同时具有工具性和思想性。而思想只有借助语言文字来表达，语言文字离开了思想也便成了空壳。所以说，语言与思想，语文与人文，是始终相互依存的。

当然，语文作为基础教育课程体系中的一门核心课程、一门基础学科，它的任务虽然不是专门进行思想教育，但是学生在语文课上读的是一篇篇范文，写的是一篇篇作文，这些范文和作文不是单纯的语言文字的机械堆砌。（即使是字典、辞书和语法修辞教材中的字词知识，也不可能完全离开意念而存在。）语文教学有丰富多彩的内容，它正是借助这一篇篇课文，渗透深邃的思想，包括人文思想、哲学思想、政治思想、科学思想、自然生态观念等。因此，学生在通过阅读范文和作文练习来学习和掌握语文工具的同时，必然受到思想文化的陶冶。

历代统治阶级无不通过语文教学宣扬本阶级的思想，就连只是单字的堆积，并无任何思想内容的《百家姓》，宋朝人编时要用"赵"字开头，因为北宋皇帝姓"赵"；第二姓是"钱"，因为吴越王钱镠的后代，曾把吴越国的土地主动送给北宋政府，受到北宋政府的优待，成为当时仅次于赵家的贵族。到了明朝，统治者就不容许这种现象继续下去，改用以"朱"字开头的《千家姓》。语文教材的政治倾向性很鲜明。不仅写文章如此，就是运用词语也不乏感情色彩。语言文字本身是"不偏不倚"，没有"倾向性"的，它在具体的语言环境里之所以有"感情色彩"，那完全是人工"着"上去的。由此可见，在语文教学中，不可能不包括思想道德教育。

在达到提高学生读写能力的目的的同时，使学生在思想上、情感上受到感染和教育，不断提高社会主义觉悟，培养高尚的情操和优良的道德品质，不仅是必要的，而且是必然的。当然，语文教学中的思想教育不是要等同于政治课的教学，更不能代替学校专门的思想教育工作。《义务教育语文课程标准(2011年版)》指出："培养学生正确的思想观念、科学的思维方式、高尚的道德情操、健康的审美情趣和积极的人生态度，是与帮助他们掌握学习方法、提高语文能力的过程融为一体的，不应该当作外在的附加任务。应该根据语文学科的特点，注重熏陶感染，潜移默化，把这些内容渗透于日常的教学过程之中。"因此，语文课的思想教育必须充分体现语文课程的特点，必须立足于文，因文悟道，以文透道，传道不离文，讲文不离道，把"道"始终贯穿和渗透在读写训练过程中。事实上，只要选编好一套语言文字好、思想内容也好的文质兼美的语文教材，又有一套科学化的"教法"，学生就能够在语文教学过程中受到思想教育，获得潜移默化的陶冶。

在语文教学实践中完全离开内容讲文字，或离开文字讲内容，实际上是行不通的。培养阅读、写作能力本身，也不单纯是语言问题。阅读是凭借语言文字准确地掌握文章内容的语文素养；写作是正确地运用语言文字反映客观事物和表达主观感情的语文素养。因此，语文教学中，思想教育必须在听、说、读、写活动过程中进行，听、说、读、写活动又必须以正确的理念为指导。遵循这一原则教学，必须坚持文道统一。任何把文道割裂或对立的做法，都是不可能完成语文教学的任务的。坚持文道统一，必须把着眼点放在提高学生语文素养

与著名教育家叶至善等人合影，并讨论语言与思想统一的问题

上。有一种习惯说法叫"扫除文字障碍，为分析课文内容服务"（有的课文生字、新词较多，先集中讲一些词语，那是教学安排问题，是必要的）。这里的所谓"扫除……障碍"，首先牵涉语文教学的指导思想问题，它片面地把语言文字和思想内容对立起来，割裂开来。其次是离开了语文工具整体性的特点，离开了语文教学的目的、任务，机械地理解了内容和

形式、目的和手段的关系。我们教每一篇课文都要着眼于帮助学生提高语文素养，不仅要使学生知道课文表达了什么思想，而且要使学生懂得作者是如何运用语文工具来表达思想的，并通过基本训练使学生学会用有关知识来表达自己的思想。就是课文后一般作为思想内容分析的"思考和练习"中的第一题，也不是单纯的思想训练题。指导学生练习这样看似单纯思想内容分析的题目，不能仅仅把它作为消化课文内容的练习来处理，而是要当作语文的意念与文字表达，即字、词、句、篇、义的综合训练题，让学生从道练文，从而体现文道统一。

综上所述，语文是人类最重要的交流工具，是人类文化的重要组成部分，是学习、思维、信息传播的基本工具。这样的工具完全不同于生产工具(包括现代信息传播工具)。语言文字是"表"，思想内容是"里"。两者始终存在于一个不可分割的统一体之中，学生在语文课上不仅学习语言文字本身，同时还要接受思想教育、精神陶冶，提高文化素养。

不管语文教学的内容如何纷繁复杂，语文始终是最基本的工具。教师必须认识语文教学的核心价值，努力帮助学生提高理解和运用祖国语言文字的能力，逐步养成良好的运用语文的习惯，掌握终身受用的语文工具，为将来从事工作和继续学习奠定良好的基础。总而言之，语文和人文是附于"一张皮"的。

五、 为中国母语教育开窗

汉民族与世界各民族同居于一个地球，母语教育，包括母语课程教材建设互动、互融、互补，是当前世界母语教材交流和发展的趋势。

中国语文课程从清末废科举兴学堂开始，便引进西方课程，形成中国中小学语文教育的雏形。1904 年，我国语文设科的第一套课本即有外国学者介入。百余年来，以杜威为代表的西方教育学家的教育思想，在一定意义上催生了我国语文教育的现代化追求，而我国众多的语文教育家在语文教育探索道路上，总是把继承传统教育的精华与吸收国外先进教育理念的"它山之石"结合起来，使那些对我有用的"舶来品"本土化。这些人中既有远赴欧美各国和日本进行学术考察，以其经验作为我国借鉴对象的蔡元培、梁启超、朱自清等名流，更有胡适、陈鹤琴、艾伟等学者。他们从国外学成归来后，把国外先进的语文教育思想理念化为自己的血肉。中华人民共和国成立后，普希金、凯洛夫、赞可夫、布鲁姆、布鲁纳、苏霍姆林斯基等外国教育家的教育思想源源而来。学习国外语文教育的思想理念和经验，从总体上促进了我国包括语文课程教材在内的母语教育的发展，尽管也产生过一些负面影响。

世纪之交的十多年间，我们先后与国内外 109 个单位(其中高等院校 54 所，教育科研部门和中小学基层单位 55 个)的 200 多位学者，合作研究了中国百年和当代世界 40 多个国家、地区的母语课程教材(含 8 大语系、26 个语种)，先后撰写母语教材研究著作 16 卷，840 余万字，为我国母语教材的建设打开了一扇扇窗口，展示了五彩斑斓的世界母语课程教材文化长廊。其目的是以开放的心态，站在母语教育国际化、全球化、现代化的制高点上，力求使我国的母语课程教材建设在国际视野与本土情怀统一的新起点上有突破性进展。

《母语教材研究》出版座谈会在北京国际大酒店召开，
时任全国人大常委会副委员长许嘉璐讲话

　　一说起母语教育借鉴外国，有人就会联想到"搬"，并谆谆告诫："千万不能照搬外国。"这个提醒很有必要，非常重要，但也反映了有的人对学习借鉴外国存有一种"杞人忧天"的心态。机械模仿实属大忌。然而，对"搬"不可笼统地反对，不可绝对化，关键在于"为什么要搬""搬什么""怎么搬"。外国的东西未必都好，毒品不可"搬"，洋垃圾不能"搬"。财富、知识、智慧，包括母语教育经验，未必都是"中华牌"的最好。其实，中外各有长短。我之长，当然要弘扬；我之短，可以用他人之长来补。这样，我们的知识会更扎实，经验会更丰富，智慧才能更有灵性。有如此好处，何不"搬"之？"搬"，是要有眼光的。对国外母语教育和母语课程教材的经验，要有选择地"搬"，要挑真正有价值的"搬"；千万不要把毒品和"洋垃圾"搬回来。我以为，"搬"是前提，为我所用是目的，以我为主是原则，鉴而用之是途径。否定民族传统的虚无主义和"拉祖配"式的封闭主义皆不足取。

　　我们要理直气壮地"搬"，暂时搬不动的，如果真正对我有用，哪怕费尽九牛二虎之力也要搬回来。话又说回来，要"搬"，又不能"一切照搬"，立足点还是自我发展、自主创新、自力更生、自强不息。"搬回来"的东西未必立马可用，重要的是"化"，要融化为自身的营养。这就是"搬"中有"创"。等我们也成了"造物主"之后，外国人也会把我们的"搬"过去，这就叫"互动"，或曰"搬来搬去"。这就是国际交流，国际互容，可以促进世界母语教育共同发展。所以，我主张，大家不妨都学学"搬运工"，在中西合璧中逐步完成自塑、创造的过程。

第三章

从系统思想看中学语文整体改革

一、 肢解割裂：百年语文"低效高耗"的症结

语文教学效率问题延续了一百多年，甚至国外许多国家也没有很好地解决。改革开放之初，1978 年 3 月 26 日，吕叔湘先生在《当前语文教学中两个迫切问题》中指出："中小学语文课所用教学时间在各门课程中历来居首位。①   新近公布的《全日制十年制中小学教学计划试行草案》规定，十年上课总时数是 9160 课时，语文是 2749 课时，恰好是 30％。十年的时间，二千七百多课时，用来学本国语文，却是大多数不过关，岂非咄咄怪事！……这个问题是不是应该引起大家的重视？是不是应该研究研究如何提高语文教学的效率，用较少的时间取得较好的成绩？"②   吕先生讲的话已经过了近 30 年，这个问题至今还在延续。

关于语文教学效率问题的讨论中，比较一致的意见是把"低效高耗"的原因归为三方面：一是政治生态变化引起的指导思想方面的折腾（"大跃进""文化大革命"），有老师呼吁语文教学要安静下来。有一次国际研讨会上，台湾师范大学校长赖明德问我，大陆的语文课本频频变动，你认为对不对，我说不对，也无奈。我只好跟他讲"哲学"，说："稳定是相对的，变化是绝对的。"二是社会因素的影响，主要是应试教育的干扰。这是国际性难题，无解。三是语文教学本身的矛盾和问题。这当然都不错。但对语文教育而言，政治气候、应试教育是客观的，外在的，又是短期不易改变的。因此，我们只能立足于第三个方面，即从语文内部的改革着手，来寻找解决问题的办法。

第一，大力呼吁国家教育行政部门和社会各方面遏制应试教育愈演愈烈的势头，更现实的是，要勇于把语文教学效率不高的责任领过来，从语文教学的内部找原因，整体改革语文教学。

第二，从语文内部讲，提高语文教学的效率关键是两个：一是教材。我编了近 30 年教材，就是想用教材的改革制约教法，但一般教师无法主

---

①   笔者后来在中外比较中了解到，世界各国除欧盟国家外，语文均居各科之首，部分欧盟国家规定必须学两门通用语言，母语课时相对减少。

②   吕叔湘：《吕叔湘语文论集》，337 页，北京，商务印书馆，1983。

导教材。二是课堂。课堂涉及每个老师，课堂是提高教学效率的主阵地，是学生获得知识、培养能力、发展智力和全面提高语文素养的一个主渠道。抓住课堂就牵住了牛鼻子。

课改以来，课堂教学有了很大改观，但语文教学效率问题仍然困扰着我们。据《人民教育》一项调研，课改的成功率，理念提升占73％，实践落实只占25％，喜忧参半。

看看课堂情况。根据我们编写组、研究所和有关单位多次调研，语文课堂总体是良好的，许多优秀老师语文教学的课堂改革经验令人鼓舞，但有的地区和学校的语文教学课堂上出现不少乱象。我把它概括为六个字："死"（僵化），"偏"（深挖洞），"花"（花里胡哨），"俗"（肤浅、平庸，流于表面），"空"（不丰满，教之无物）、"满"（课满为患，满堂灌、满堂问、满堂练）。有的老师把这些乱象概括为三个"颠倒"：一是"程序颠倒"，学生课前轻松，课上无事，课后紧张；二是"主客颠倒"，老师讲，学生听，学生始终处于被动状态；三是"轻重颠倒"，重头戏是大量机械操作，经典却没有读或没有好好读。

最可怕的是把内涵和情感丰富的经典文本肢解为砖瓦碎片，碎尸万段，"满堂灌"加"满堂练"成为较普遍的模式。学生对语文鲜有兴趣，谈不上享受课本中作品的真、善、美，谈不上感悟、品味、涵泳作者真挚的思想情感，谈不上理解、欣赏和探究作品深刻的文化内涵。

再看看课外情况，更令人担忧。不是一个地区，而是相当多的地区的学校学生不读名家名著，而是被淹没在点点、块块、条条的应试练习的汪洋大海之中。

从语文教学研究的角度看，以往人们对语文教学的研究不可谓不多，但由于缺乏整体观和系统性，因而语文教学研究整体上支离破碎，肢解割裂，导致教学效率普遍低下。改革开放后，中小学语文教学的改革和研究虽然也轰轰烈烈，但这些改革和研究大多呈现为孤立的、静止的、缺乏联系的"碎片化"。如倪文锦教授所描述的："瞎子摸象"的现象在语文教学研究中比比皆是。有人"摸"到了语言文字，以为语文教学的本职工作就是"说文解字"；有人"摸"到了语言文章，就把文章学视为语文教

研讨会上呼吁改变语文教学"碎片化"现状

学的经典；有人"摸"到了语言文学，就强调把语文课上成文学课；也有人"摸"到了语文课的政治思想教育，就以为必须把语文课上成政治课。

面对现实，解决好语文学科自身的问题，我们责无旁贷。我们站在重塑语文教学的高度，从教材改革和课堂改革入手，开展扎扎实实的教学实验和理论研究，以素质教育来突破应试教育牢笼，并运用系统论和教育哲学来认识和处理语文教学中的各种复杂的矛盾和问题，努力走出一条具有整体综合教学效应的语文教学改革之路，并为此开展了长达30余年的中学语文教学整体改革的实践与研究。

二、 横看成岭侧成峰

语文是什么？我们首先要多角度地认识和研究语文这个复杂整体。

语文教学是一个复杂的多维结构体，是一个系统工程。这个系统结构体内部存在着密切联系、互相制约的许多因素，而且它与其外部又有多方面的联系。"横看成岭侧成峰。"从教学目标来说，它是多元的：既有传授知识、提高能力、培养习惯和发展智力的目标，也有思想教育、精神陶冶的目标。从教学活动的过程来说，它是动态的、双边的：既有纵向的时间延伸，又有横向的空间拓展；既有教的方面的活动，又有学的方面的活动。从教学内容来说，它是包容多方面的：语言形式方面，有字、词、句、篇；语言运用规律方面，有语（法）、修（辞）、逻（辑）、文（字）；语言行为方面，有听、说、读、写。而语文的边缘工具性质又决定了它与毗邻学科及社会生活有着广泛的联系。由于语文学科教育的根本目的是造就人、培养人，因而语文教学应当与人格培养的价值取向一致，必须着眼和服务于未来一代的发展，服务于人的综合素质的提高。总而言之，语文是一个不可分割的整体，一个纷繁复杂的多面体。对语文教学这样一个纷繁复杂的整合化的多面体，无论学习还是教学，都不可把它分割、肢解。否则，按照系统理论，就是以子系统的膨胀，破坏整个系统的完整性，导致其无法运作，或是低效乃至无效。

依据系统论的整体性原理，系统是由若干要素组成的具有独立要素所没有的性质和功能的有机整体，表现出整体的性质和功能不等于各个要素性质和功能的简单叠加。因此，我们从事语文教学和研究，必须运用系统思想，遵循系统论的五个规律：①结构与功能相关。结构与功能相互关联，相互转化。②信息反馈。信息反馈的调控作用影响系统的稳定性。③竞争协同。系统的要素之间，系统与环境之间，存在整体统一性和个体差异性，通过竞争和协同推动系统的演化发展。④涨落有序。系统通过涨落达到有序，实现系统从无序向有序，从低级有序向高级有序发展。⑤优化演化。系统不断演化，优化通过演化实现，表现出系统的进化发展。要体现上述规律，就要多角度、全方位地从宏观和微观的结合上，对语文和语文教育进行深入细致的不同层面、不同维度的整体研究，用心寻找语文教学诸种结构元素之间的联系及其最佳结合点，不断探求其内、外部规律性，并构建其学科体系；客观而辩证地分析各种矛盾关系，力求抓住它的主要矛盾，从而变烦琐为简约，变肢解为综合，

在"洪宗礼语文教育思想研讨会"上讲话

使语文教学的各个方面、各种因素结合成一个和谐、协调的有机整体，具有最合理的密度和最恰当的容量，能够发挥系统的整体功能和综合的教学效果。

不妨从语文功能论来探讨一下语文和语文教学的整体性。我国的语文教育从"文以载道"到"表情达意的工具"，从"基本工具"到"阶级斗争的工具"，再从"基础工具"到"交际工具"，标志着语文单独设科百年来语文功能观的演进。在这种演进中，我们对语文功能做了深度思考。我在《我的语文工具观》中说过："母语的地位、价值是母语的性质功能决定的。""用现代观念考察语文，从交际层面看，它是表达与交流的工具；从体现国家意志和渗透思想道德观念看，它是国家、民族生存发展的基础；从传承、弘扬文化看，它是积淀、传播文化的载体；从发展人的情感看，它是文学教育、审美教育的重要组成部分(或一个主要分支)。由于语言本身也是一种文化，因此，它又具有很高的人文价值，这也是语文具有民族凝聚力的根本原因。以上这些都仅仅是从语文的功能来考量。"这里从四个维度考察了语文多个侧面，阐释了语文工具的整体价值功能。它处处体现了语文是中华民族的根的核心指向，体现出语文肩负着"人的教育"的神圣使命，体现了语文课程所引领的语言素养、思想素养、文化素养、审美素养和精神素养等整体综合素养。

以上论述说明，我们这里所说的"整体"，并非止于语文学习和教学的内容的完整和全面，或语文内涵的增广和拓宽，而是要从民族化与科学化统一、整体性和系列性统一的高度，对语文内、外部的结构和构成规律做客观而多角度的解剖。

三、 模糊的科学，科学的模糊

语文教学是模糊的科学，它是一个集合型的表意的整体，无须刻意追求环环相扣的严密体系。学习语文需要整体感知、整体体悟，甚至可以"大而化之""难得糊涂"。因为它追求的是整体综合教学效应。语文教学又是科学的，需要悉心研究语文学科内在的联系，遵循构成规律，要用心寻找科学的秩序，建立一定的知识系统和适合的训练途径。只有达到模糊性和科学性的高度统一，才有可能提高语文整体综合教学效应。

达到模糊性和科学性的高度统一，必须明确语文教育的目标、功能、要求、原则，必须研究语文内部各要素之间的网状结构，以及各要素之间的显性或隐性的联系。在国家课程标准与教学大纲指导下，课文应依据各学校、各年级学生的需要严格筛选，有序编排。教材需要有合理的度和量，各种文体应有恰当的比例，一切设计都应考虑适合学生的"学"与教师的"导"。语文与其外部的方方面面浑然天成，有难以分割的联系。由此可见，语文教育无疑是科学。然而，只要打开教科书，便会知道它是一个内容科学组合的整体，所以有人提出了"大而化之"教学法。所谓大而化之，就是在实际教学中要把语文教学始终视作科学的整体，要整体把握、整体感知，追求语文教学的整体效应，没有必要把内涵上已经有机地"化"入教材的各要素再肢解成"点点块块"的碎片。因为字、词、句、篇都离不开语言应用，离不开文章表达的思想感情。这就是语文教育的模糊性和科学性的统一。显然，"模糊"并不是提倡教学"杂乱无章"，而是要求教者从整体上把握语文内在的科学联系，遵循语文教学自身的

在香港大学举办的"学会学习"国际研讨会上做嘉宾发言

规律，从而使模糊的科学与科学的模糊真正统一起来，这才是语文教育的真正追求，也是语文教育走进艺术殿堂的必由之路。

由于语文教学具有科学性与模糊性统一的特点，它追求的不是"砖瓦碎片"，而是整体综合效应。语文教学作为一个复杂的多维结构体，作为一项系统工程，它的系统结构体内部存在着密切联系、相互制约的许多因素，而且它与外部又有多方面的联系。从上述意义看，语文显然是有内在科学规律的，它是一个科学的整体。对语文教学这样一个纷繁复杂的多面体，我们要运用系统思想和教育哲学，进行不同层面、不同维度的细致研究，用心寻找语文教学诸种结构元素之间的联系及其最佳结合点，不断探求规律性，并构建其学科体系。

要使语文教学的各种因素、各个方面结合成一个和谐、协调的有机整体，就不能把语文看成若干"零料""碎片"，否则便忽视了语文教学模糊性的另一面。受应试教育的负面影响，有些人有些时候把语文学科这个充满活力的有机整体，肢解成各种"标准化"训练题的零件，这其实是无情地扼杀了母语的生命，忽视了语文学科科学性与模糊性统一的基本特点。肢解语文看似是"科学"的，实质是伪科学，甚至是反科学的，是不利于人的全面发展和整体语文素养提高的。既有模糊性又有科学性，体现了语文课程的基本特点。语文教学中，该精确的时候，精确是科学；该模糊的时候，模糊是科学。这里所说的"模糊"，是合乎科学的"模糊"；这里所说的"科学"，则是体现模糊性的"科学"。正确理解和准确把握语文教育既有模糊性又有科学性的特点，努力把模糊的科学和科学的模糊真正统一起来，应当是提高语文教育效率的一条"捷径"，是语文教育的至高追求，也是语文教育走进艺术殿堂的必由之路。

正因为语文教学具有科学性与模糊性统一的特点，它就必须追求整体综合效应，所以，它更注重人的综合素质的提高，更能够服务于语文教育的根本目的——造就人、培养人，服务于未来一代的发展，使语文教学与人格培养的价值取向相一致。

四、 语文教科书是一个整体

教材是教学之本，教材的理念始终制约着教学的理念。要进行语文教学整体改革，就必须编写具有整体观念的教材。也就是说，教材不能肢解，更不可碎片化。从 1983 年起，我用十多年时间，主编了一套"单元合成、整体训练"的初中语文教材，逐步构建了"一本书、一串珠、一条线"的"三一"整体化语文教材体系。"三一"语文教材体系的本质就是凸显语文是一个整体。"一本书"，每学期只用一本语文课本。这一本书中，以阅读、写作、语文基础知识为"经"，以单元听、说、读、写训练为"纬"，编成一张经纬交织的语文训练"网"。"一串珠"，一本语文书中有若干"珠"式单元，每一个单元就是一个"训练点"。每颗珠都是一个阶段阅读、写作和语文知识集成的小型综合体，三点合一，不可分割。"一条线"，贯串全套教材的一条线索。这条线多股交织，主线是听、说、读、写能力训练，辅线是读、写基础知识学习和思维能力、心理品质培育。如果每颗珠像一个集成电路的"集成块"，这里，多股线交织的就像一根"集合线"。"三一"教材是语文课本整合的范式，也是语文和语文教学整合的范式。它的要义有二：第一是"巧"，就是要结合得科学、和谐、得体。第二是功在育人。整合的目的只有一个，就是育人。

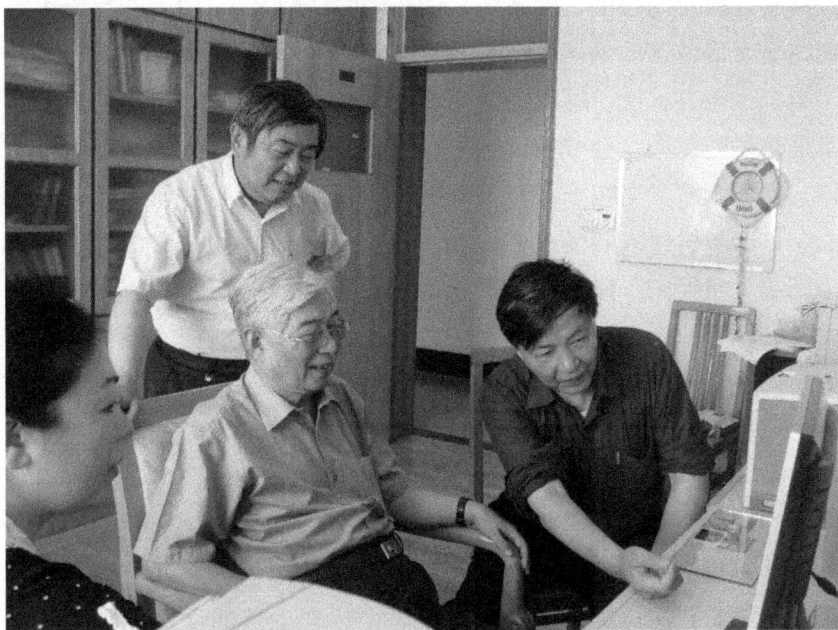

向顾明远先生汇报母语教材研究方案

对前者，著名语文教育家刘国正在 1988 年对我主编的语文教材做了如下评价："巧在合成。""合成"是什么？"合成"就是说一篇课文、一单元教材、一套教科书、一门语文课程都是大小不等的综合性的整体。教学也大体如此。纵览中华人民共和国成立前后的中学语文教材，大体有两种编排体系：一为综合型；二为分科型。综合型语文教材，集阅读、写作、语文基础知识于一体，注意发挥整体效应；分科型教材，语文知识系列比较清楚，学生易于接受比较全面的语文能力训练。两种教材各具特色，各显其长。但因其各成体系，各自为政，也影响了整体效能的更大发挥。刘国正先生曾打了两个比方。第一个是："洪（宗礼）老师主编的教材首先梳理了这些序列，是比较合理的。他又进一步把这些序列加以合成。假如不合成，各自为政，互不相通，互不融合，教材就不一定有特色了。'合成'二字，在洪宗礼主编的教材中有了妙用。好比烧一个菜，洪老师把酱油、醋、味精、葱、姜先准备好，然后再加以'合成'。这种

'合成'是有高下之分的，名厨师的'合成'和普通厨师的'合成'就很不一样。洪宗礼教材的合成，看来是比较高明的。"他又说："我在写给洪宗礼同志的信中说过这么两句话：分之则序列分明，合之则互相为用。"他又打了第二个比方，说：据我看，现在的教材有一些这方面的意思，当然还不是最后的完成。合成得比较好，就是使教材中的许多线相处得比较和谐，就好像演奏交响乐。许多乐器一同鸣奏，都能和谐起来，成一个乐曲。这套教材使人感到比较和谐。这样一种比较和谐的课本，解决了一个问题。多年来，编写教材的人都被语文教学的综合性所困扰，语文的教学内容有那么多花样，编教材是很难很难的，往往是或者有所偏废，或者是搞得比较混杂，老师在教学中也很难抓住头绪，综合性教材容易犯这个毛病。所以后来才考虑到编写分科型教材，为的是使线索清楚一些。如果在综合型教材中，仍然能使线索清楚而相处和谐，这岂不是一个很大的创造？所以，这套教材是有一定的突破的。

另外，我们从整合的目的来考量，语文教学和语文教材采用整合性体系，是考虑到在语文教材和语文教学中，学生读的课文不是语言文字符号的拼凑、堆砌，而是承载和渗透着思想文化，蕴含着丰富的语感、文感和情感。语文教育的根本目的是造就人、培养人，语文教学应当与人格培养的价值取向相一致，注重人的综合素质的提高，从整体上着眼并服务于未来一代的发展。用我常说的一句话，就是：语文教学只有一个目的——育人。"语文教学、语文教材编写，说到底，就是塑人的事业，是功德无量的千秋大业。""每位教师和教材编写者都必须把促进人的发展作为自己的最高目标。"

我主编的语文教材和我的教学实验与研究，虽说有诸多特点与长处，但最主要的优点和长处还在于它着眼于以人为本的整体性。这就是"巧在合成"之"巧"在何处，"功在育人"之"功"在哪里的看似模糊实为标准的答案。在这里，"巧"与"功"、教材与人才达到了辩证和谐的统一。

五、 加强语文教学整体研究

以往，人们对语文教学的研究不可谓不多，但由于缺乏整体观和系统性，语文教学内容支离破碎，教学效率普遍低下。改革开放后，中小学语文教学的改革和研究虽然也轰轰烈烈，但这些改革和研究大多呈现为孤立的、静止的改革，缺乏联系和必要的整合，因此，站在理论的高度，从语文教学的整体出发，探讨语文教学的本质和规律就显得尤为迫切。要改变零散的、单一的、局部的点式线形教学研究模式，变烦琐为简约，改肢解为综合，使语文教学研究成为和谐、有序、协调、统一的有机整体，使点、线、面结合，形成立体化的研究体系，发挥系统的整体功能和教学研究的综合效应。通过调查分析，从语文教学自身来看，语文教学研究被肢解的主要原因有如下几点：一是研究者对语文教学的整体研究的意义认识不足，许多改革是零散的、局部的、低层次的；二是研究者对我国传统语文教学的经验挖掘和继承不够，"根"意识不强；三是研究者不能正确地把握语文教学的规律，缺少哲学思考，常常左右摇摆，以一种倾向掩盖另一种倾向。明确了问题的根源，就厘清了我们解决语文教学少、慢、差、费问题的总思路。要走出零散的、低层次的、局部改革的窠臼，克服碎片化的弊端，坚定不移地走整体改革之路。这样的整体改革需从三个方向开拓：首先，要明确语文教学是中华民族共同语的教学，民族性是语文教学的根，要牢牢继承和发扬传统语文教学的成功经验。其次，要深入研究语文不同于其他学科教学的个性特点，探寻语文教学的规律。最后，研究国外母语教育的课程教材，从母语教育的共性方面吸收域外的有益经验。我们在其后取得的整体改革的典型成果，即以"双引"教学法为标志的教学方法改革，以教材改革为龙头的教学内容改革，以语文教育"链"为核心的教学体系改革，以及吸收国外母语教育经验而提升的"五说"语文教育理论等，正是从这三个方向开拓的自然结果。这三个方向中的任何一个方向的改革都离不开整体观。作为学习其他学科的基础和奠定学生终身发展基础的语文教学，是一个系统工程，需要做深入细致的研究，讲求教学改革的整体综合效应。

我们长期坚持以整体观统率语文教学改革研究。1978 年，我发表一万余字的长篇论文《试论语文的工具性》；2007 年，在《人民教育》上发表《母语教育随想录》；2012 年，在《人民教育》发表《理想语文课堂教学的十

成熟的教师要在改革中修炼：与同人讨论教改方案

种境界》。研究的整体观的内涵十分清晰，在理论与实践的结合上初步形成了整体改革语文教学研究的思路。

六、 语文整体观的哲学思考

语文整体观来源于辩证唯物主义的哲学思考，辩证唯物主义哲学又是语文教学整体构建的指导思想。辩证唯物主义哲学认为，世界上任何事物的内部和事物之间都包含矛盾的两个方面，矛盾的双方既对立又统一。事物的运动发展在于自身的矛盾运动，矛盾的斗争性和同一性、普遍性和特殊性统一于客观事实。对立统一规律揭示了事物发展变化的源泉和动力，它贯穿于唯物辩证法其他规律和范畴之中，是唯物辩证法科学体系的实质和核心。我们多年来正是运用这一矛盾法则来认识、研究并解决语文和语文教学内部诸种矛盾，科学地处理语文要素和语文教学各个分支之间的对立统一关系。比如，语文课程中文与道的统一，学与思的统一，知与行的统一；语文教学中教师的教与学生的学的统一，课内学习与课外生活的统一，语文知识与语文实践的统一。这些都需要对语文学科的整体进行哲学思考。在长期的语文教育教学实践中，我们充分运用教育哲学，通过审问与慎思、考察与探索、批判与提炼，对语文教育理论建构和语文教育实践中的一些根本问题，如语文本体论、语文价值论、语文课程论、语文功能论、语文教学论等，进行哲学概括，形成了个人的语文教育信念和语文教育理想。我把这种哲学概括的结果、形成的教育理念和教育理想，作为语文教育理论和语文教育行为的指导。

所谓语文教学的整体性，就是要以教育哲学为指导，承认语文这个整体内部各要素的存在，用心寻找和探索它们之间互相联系的规律，并在教学实践中正确处理语文整体和各个系统分支各要素，以及各个要素之间的关系。这些就是研究和探索的重点。语文这个多侧面的综合体，恰似一个多棱镜，不容易看清它的"庐山真面目"，对它的性质、目的、任务等，一百多年来争论不休，至今尚未平息。原因除了外部政治风云、社会生态变化之外，就是语文内部这个整体太复杂，综合性极强，头绪特别繁多。而我们首先要从中"跳出来"，找准它的主要矛盾。

辩证法告诉我们，事物矛盾着的两方面中，必有一方是主要的，其他方面是次要的。其主要的方面，即所谓矛盾起主导作用的方面。事物的性质，是由取得支配地位的主要方面所决定的。语文学科不管内容多么纷繁复杂，其主要内容——语言文字始终是人类文化的载体，是最重要的交际工具。要帮助学生提高理解和运用祖国语言文字的能力，逐步养成良好的语文学习习惯，掌握终身受用的语文工具，为将来从事工作和继续学习奠定良好的基础。抓住了语文运用这个核心价值，坚持语言本位观，就抓住了语文教学的主要矛盾，牵住了牛鼻子。

语文学科性质和价值功能、地位问题，一向是我研究的重点之一。自20世纪70年代末以来，我对语文学科性质的理解也在不断深化、丰富和完善，但坚持"工具说"这一语文个性特质的立场是一贯的。我对"工具论"的基本内涵认知是明确的。我认为，在复杂事物的发展过程中，存在着许多矛盾，其中必有一种矛盾的存在和发展，决定或影响着其他矛盾的存在和发展。这种在事物发展过程中处于支配地位、对事物发展起决定作用的矛盾，就是主要矛盾。因此，我对语文教学核心价值的认识、对语文学科的科学定位也一向都很清楚。这个核心价值就是，培养和提高学生理解和运用祖国语言文字的能力，逐步让他们养成运用语文的良好习惯，掌握终身受用的语文工具。这个定位就是，语文教师要始终把语文基础知识教学和语文基本能力训练作为语文教学的基本任务，把语言运用作为语文教育的基础和核心。

然而，这只是矛盾的一个方面。唯物辩证法又告诉我们：在一切事物中，主要矛盾和次要矛盾都对立统一地存在一个整体中，它们之间互相依存，互相制约，因此，抓住主要矛盾，也要处理好次要矛盾。同样，抓住矛盾的主要方面，根据事物矛盾的这一法则，我们必须学会在抓主要矛盾的同时，重视处理和非主要矛盾的关系，并使两者完美地统一起来。

多年来的正、反实践证明，只有把语文和人文附于"一张皮"上，才有可能确保语文教学的本位和本务，才有可能使学生在"学文"和"立人"两大领域都实实在在地获益。必须明确一点，我们语言本位，认定语文教学的核心价值，这绝不等于漠视人文教育和文化育人。恰恰相反，我们认为语文是立人之基础工具，语文教学的终极目的只有一个——塑人。语文教学就是语文教学，母语教育就是母语教育，绝不可能就直接等于人文教育和母语文化。所以，渗透和融入应当是一种自觉的教学行为。

教育哲学就是教育立场。中学语文整体改革的全程始终是以教育哲学思想为支撑的。衡量一项改革的观念能否上升到教育哲学的，关键在于它能否运用哲学思想来解决实践的各种矛盾，从而正确地引领和指导实践。正如奈勒所说："哲学解放了教师的想象力，同时又指导着他的理智。教师追溯各种教育问题的哲学根源，从而以比较广阔的眼界来看待这些问题。"[①] 我们在中学语文整体改革中，通过哲理思考，致力于系统地解决语文教学的各种根本问题和复杂矛盾，通过"五说""'双引'教学

---

① [美]乔治·F.奈勒：《教育哲学导论》，陈友松译，见《当代西方教育哲学》，135页，北京，教育科学出版社，1982。

论""语文教育'链'"等论述，建立自己的教育哲学，形成有建树的个性化教育智慧，并揭示语文的本质。

在中央电视台《东方时空》栏目接受记者采访，
并与教育部基础教育司原副司长朱慕菊连线对话

我在 2011 年撰写的《语文人生哲思录》中这样总结中学语文整体改革中运用教育哲学的体会：

"在各种复杂矛盾面前，或者当各种思潮纷纷袭来，要不做'跟风派'，又不当保守派，唯一的依靠是哲学。

"哲学的神奇是无与伦比的。教与学、学与思、知与行、文与道、课内与课外、放与收等复杂矛盾，都可以运用辩证唯物主义观点来分析、思考、判断。

"学好、用好了哲学，眼中便会容不得半粒沙子；绝不会迷路、失控，以至落马。

"哲学始终与我同行，哲学伴我一生。我正是运用教育哲学，数十年如一日，恰当、适度地处理了语文教育中诸多矛盾和问题，使母语教育改革积极稳妥地推进，母语教育实践和研究进入合理、完善、成熟的理想境界。"①

我在论述"工具说"时，在中外母语比较研究中，对语文的多元目标、多重功能和复杂内容做了辩证的、客观的、实事求是的研究，分析了语文和语文课程教材的主要矛盾和本质特征，做出如下判断：语文作为形式学科，具有工具性(语言是核心)；作为内容学科，它具有思想性或人文性(思想是灵魂)；作为综合性基础学科，它是语言与思想的统一体，也就是兼具形式训练和实质训练特点的"集成块"。由于语言承载人类文化，其本身也是一种文化，因此，必须重视语文学科拥有的文化价值。如此定位，可以突出母语和母语课程教材在国家、民族生存发展中的重要作用，凸显其在基础教育课程教材建设中其他学科无法代替的特殊地位。在经济全球化、现代化、信息化的当代世界，无论哪个国家、哪个民族，都必须把母语教育、母语课程教材的发展与创新，放在基础教育改革的显著地位。重视母语课程教材建设，提高作为国民素质的一个重要组成部分的语文素养，不管怎么强调都不过分。如日本一位哲人所说："放弃母语，就是通向亡国(毁灭文明)的捷径。"

我们在语文教学整体改革的发展过程中，通过系统思想和教育哲学辩证地思考、总结、研讨，对许多重要的理论问题逐步取得共识。比如，在确认"语文是学好各门知识和从事各项工作的基本工具"的前提下，明确了"正确理解和运用祖国的语言文字"是语文教学的基本任务；在"内因是变化的根据，外因是变化的条件"的哲学思想指导下，辩证地认识了学生主动与教师主导的关系，确立了"教学就是教学生学"的观念；根据马克思主义关于语言与思维密切联系的原理，认识了语言与思维同步发展的规律；在总结我国传统语文教学"多读多写"经验的基础上，发现了语文训练是学生语文能力形成和发展的基本途径；在探索语文与生活的联系的过程中，树立了"大语文教育观"；等等。这样，我们对语文教学中

---

① 洪宗礼：《语文人生哲思录》，88～91页，南京，江苏教育出版社，2011。

多年纠缠不清的各种复杂矛盾关系，都逐步形成了基本一致的被世人认可的基本看法。

《洪宗礼文集》6 卷于 2008 年秋问世，凡 200 余万字，是我一生心血的结晶

　　由于运用了系统思想和教育哲学，我们"在激进和保守之间选择了执两用中"。执两用中是我国学术界、思想界的传统智慧，也是洪氏语文的学术智慧。最典型的例子是：教与学的关系从来是两极思维，要么片面强调教师的作用，忽视学生的学；要么强调学生的作用，忽视教师的教。我们坚持执两用中，提出了双主体论，即"教师主导而不是主宰""学生主动而不是盲动"，可以说不走极端，不偏不倚，和谐共生，发挥了教与学的双边效应。这样，教学改革不走回头路，不走偏激路，不会左右摇摆。

第四章

中学语文教学整体
改革体系建构

从教 57 年来，特别是改革开放 30 多年来，针对我国语文教学肢解割裂、"低效高耗"的状况，我们经过大量实验和调研，运用系统思想和教育哲学，对中学语文教学的思路、内容、方法、体系和策略等进行了整体改革，初步构建了以"双引"教学艺术为标志性成果，以"五说"语文教育观为理论基础，以语文教育"链"为核心理念的中学语文教学科学体系，进而在中外母语比较的视野下，逐步形成了洪氏语文教学流派、教学模型和有建树的理论。经过全国 600 个课改实验区的实践检验，这项改革成果对改变我国目前语文教学的诸多积弊、大面积提高语文教学效率，有现实的指导意义和长期的引领价值。

一、 中学语文教学整体改革的路径

中学语文教学整体改革经历了四个阶段(不包括 1960—1977 年的改革酝酿期)。

第一阶段，1978—1989 年，以课堂改革为主阵地，进行多领域语文教学实践，逐步形成"双引"教学法。这一时期，我边教学、边总结、边研究，着力探究诱导式的教法，改革课堂教学。初中、高中，毕业班、非毕业班，都有我的"试验田"。三尺讲台成了我锤炼教育思想和教学艺术的练功台。我把课堂作为改革的入口处，作为提炼经验和提升理论的基石。1986 年，我出版 23 万字的专著《中学语文教学之路》。

第二阶段，1990—2000 年，在实验和研究的基础上，多角度探求中学语文教学的规律，使教学经验提升为"五说"语文教育观。我结合教学和教材改革实践，对语文教学整体改革的理念、内容、过程、途径等进行系统的研究。我们多次主办全省和全国性研讨会，对语文教学中的复杂矛盾、多个要素，结合自身的教学案例，进行全方位的研究梳理和分析。1990 年，全国 100 多位专家来学校听课、评课和研讨，叶至善、刘国正等著名语文教育家对构建科学性与实用性统一的语文教学和教材体系提出了非常独到的见解。1991 年、1995 年、1996 年，我在大连、成都、南京等地召开的十多次全国性的研讨会上，与许多著名专家和教师交流，并做主旨发言；还去俄罗斯、韩国、新加坡、欧洲诸国及我国的港澳台地区考察语文教育，进行学术交流，吸纳了许多有价值的成果，拓宽了视野。这些为我的"五说"语文教育观的形成和完善起了重要作用。1995年，我出版48万多字的《洪宗礼语文教学论集》。

第三阶段，2001—2008年，在实施新课程和进行中外母语教育研究的过程中，进一步深化语文教学改革，提升了语文教育"链"的思想。20多个省、市、自治区的600多个实验区的教学实践，检验和丰富了我的语文教学理论和教学思想。我主持的"九五""十五"中外母语教育比较研究国家课题，历经12年。在对45个国家和地区8大语系、26个语种的母语教育进行研究时，我结合自身的教学实践，撰写了关于构建我国语文教育创新体系的《母语教育随想录》。至此，语文教育"链"理论走向成熟。先后出版《母语教材研究》10卷和《洪宗礼文集》6卷，共1000多万字。

第四阶段，2008—2013年，我不再直接从事教学工作，但仍努力用我的教学成果引领实践。教授级的高级教师董旭午、李震、刘金玉、丁翌平、王铁源等中青年老师在校内外继续运用和检验我的语文教育思想和教学模式。近几年，我通过著述(高等教育出版社出版的近百万字的《洪氏语文》)、报告(首届苏派名师讲坛主报告)、研讨会("洪宗礼语文教育思想研讨会")等形式参加学术交流。我应邀作为主讲嘉宾，参加香港大学等单位主办的"学会学习"国际研讨会，并连续多年为香港大学、南京大学联合举办的香港百名教师培训会做专题讲座。这样，我探索构建的中学语文教学体系和教学模式能够在更大范围内继续接受教学实践的检验。中学语文教学整体改革路径见图4-1。

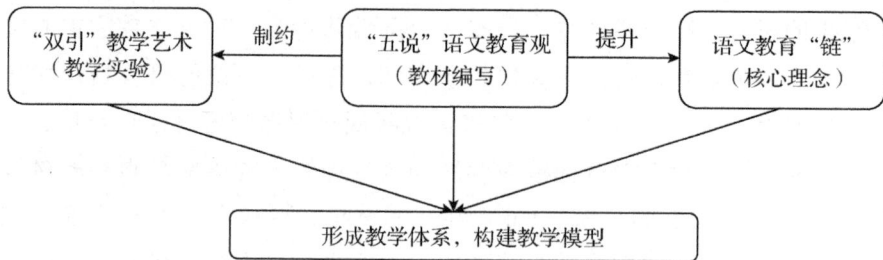

图4-1　中学语文教学整体改革路径

二、 中学语文教学整体改革的主要内容

所谓"整体"，有三层意思：一是语文教学内部的整体；二是语文教学外部与平行学科及社会、自然方面的整体；三是语文教学实验和研究的整体。

这三方面整体改革成果的主要内容包括"双引"（引读引写）教学艺术、"五说"语文教育理论、语文教育"链"。在三者中，"双引"是标志性成果，"五说"是理论基础，语文教育"链"是核心理念。这项三位一体的教学成果汇集成近百万字的成果《洪氏语文》。①

（一）"双引"教学艺术

"双引"是教学方法，也是教学观念和教学艺术。它是中学语文教学整体改革的两个主要子系统，是中学语文教学的"双翼"。可以说，中学语文教学抓住了读写，就抓住了主要矛盾。古今中外，概莫能外。"双引"教学法与传统的以教师逐句讲解课文和指导学生机械操练为主的教法相反，它着眼于帮助学生自己在学习实践中理解和运用语文工具；引导学生尽可能地自己去探索，去发现，去掌握阅读与习作的技能，逐步养成独立看书作文的习惯。

无论传统语文教学还是现代语文教学，无论中国语文教学还是外国语文教学，无一不是以读写为基石和主干的。多读多写是提高学生语文素养，提高语文整体综合教学的灵丹妙药。我们的语文教学和研究千万不可忘记这个极其普通的常识，而沉湎于机械、烦琐、零碎的应试训练之中。倡导"双引"教学，正是瞄准这个语文教学的关键。倡导科学而艺术地引导学生有效地读和写，自觉生成，从而获得不待老师讲，自能读书、自能写作的能力。读写的整合是中学语文各要素整合的核心内容。

"双引"教学的要义有二：一是最大限度地调动学生自主学习的积极性，引导学生自己读和写；二是教给学生学习的规律和方法，引导学生

---

① 倪文锦、成尚荣：《洪氏语文》，北京，高等教育出版社，2013。

善于读和写。

引读和引写是相辅相成的，其关系如图 4-2。图中读为基础，是纳，是吸收；写为应用，是吐，是应用。读写是一个完整的整体。以读导写，以写促读，互相为用，相辅相成，读与学构成语文教学的基本素养。读与写是语文教科书中两条不可分割的主干。而多读多写则是获取语文教学整体综合效应的基本途径，是提高语文教学综合效应的灵丹妙药。总之，读写结合是古今中外语文教学不可逾越的共同规律。

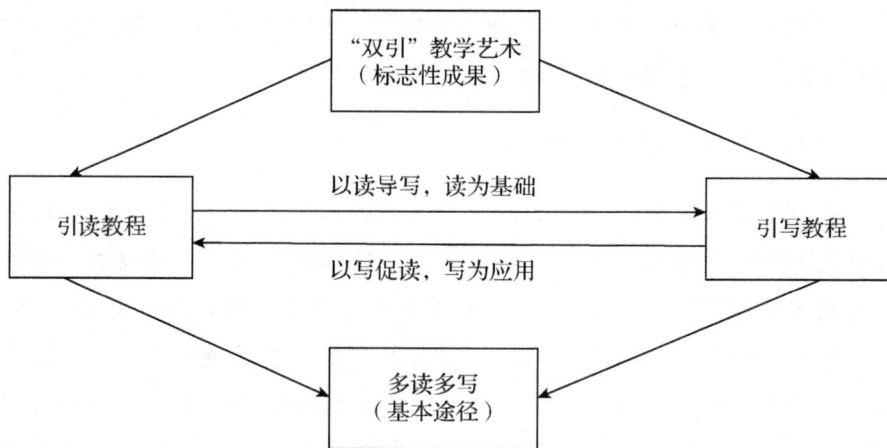

图 4-2　"双引"图

"双引"的要旨是一个"善"字。学生的善读善写都有赖于教师的正确引导。教师的善引是一种高超的教学艺术，其要领有七点：善，就是要察言观色，透过学生的一言一行、一姿一容，发现学生学习上能自食其力、自求得之的积极因素；善，就是要充分挖掘学生内心深处蕴藏的思维潜能，着意培养学生的"悟性"；善，就是要诱发学生学习的浓厚兴趣，激起学生的新鲜感、新奇感和追求感；善，就是要注意课堂节奏的"空白"艺术，留给学生充分的思考余地；善，就是要具备课堂应变能力，随时根据学生课堂反馈的信息，控制课堂活动的发展变化；善，就是要充分尊重学生学习的个性，发挥不同层次的学生的积极性；善，就是要授之以学法，让学生掌握开千把锁的钥匙。这七点是一个有机的教学整体。

"双引"教学艺术的核心是个"活"字。教师要善于根据读写训练的目标要求、教材的具体内容，针对不同教学对象的身心发展规律、认知水平、个性特点、思维类型、智力状况、知识基础及学习习惯，在彼时彼地彼课的教学环境氛围，灵活地运用恰当的教学方法。引读引写的关系，体现了语文教学的整体性。

"双引"教学的思路和原则如下：①明确语文教学的目标，引导学生重点读。②激发学生阅读的兴趣，引导学生主动读。③启迪学生积极思考，引导学生深入读。④培养学生良好的阅读习惯，引导学生经常读。⑤帮助学生掌握阅读的方法，引导学生独立读。

"双引"的方法和策略可以总结为以下几方面。

引读的方法：①扶读法：逐渐去扶翼，终酬放手愿。②激趣法：热爱是最好的老师。③设境法：入境始与亲。④诵读法：吟哦讽咏而后得之。⑤圈点法：读书动笔，勾画圈点。⑥提要法：提纲挈领，厘清脉络。⑦自读法：手到，口到，心到。⑧点拨法：画龙点睛，点石成金。⑨提示法：易晓的暗示，浅明的指导。⑩读议法：且读且议，自由活泼。⑪质疑法：疑为学之始。⑫反刍法：学学牛吃草。⑬反三法：举一隅，以三隅反。⑭比勘法：比较，辨微，参照。⑮速读法：迅速捕捉阅读信息。⑯小结法：归纳梳理，自读自结。⑰精读法：熟读精思，涵泳品味。⑱探究法：阅读有自己的感悟。⑲赏读法：品赏花心的蜜。⑳求异法：横看成岭侧成峰。㉑读注法：借助注释学文言。㉒溯源法：知人论世读经典。㉓历练法：行是知之始，知是行之成。

引写的方法：①导源引写法。②厚积引写法。③知识引写法。④阶步引写法。⑤观察引写法。⑥情境引写法。⑦激思引写法。⑧例文引写法。⑨活动引写法(或称"任务引写法")。⑩说文引写法。

"双引"教学艺术是语文教育的境界，突破了灌输式的传统语文教学模式。"双引"教学的目的是塑人，塑造具有主体人格的人。"双引"是建设民主、和谐师生关系的纽带，又是教学机智和教学智慧的体现，也是语文课程构建和实施的策略和艺术，因而它提升了语文教学的境界。

（二）"五说"语文教育观

我提出的"五说"语文教育观，即工具说、导学说、学思同步说、渗透说、端点说(发端说)，力求厘清和解决语文教学中诸种要素和矛盾的关系，以及它应该而且可以达到的多种效应，即整体综合教学效应。

1. 工具说

不管语文教学的内容如何纷繁复杂，语文始终是人类最重要的交际工具。教师必须认识语文教学的核心价值目标，努力帮助学生提高正确理解和运用祖国语言文字的能力，提高语文整体素养，逐步养成良好的运用语文的习惯，为将来从事工作和继续学习奠定良好的基础。在语文教学中，教师还必须在传授语文知识和进行语文实践的过程中因文解道，因文悟道，自觉地渗透思想道德教育，提高学生的思想道德素质和人文素养，丰富学生的自然常识。但是思想教育、文学教育、自然与社会科学知识教育，只能在语言文字教学过程中进行，不能把语文课上成政治课，也不能把语文课上成文学课、自然常识课。

2. 导学说

教学过程主要是由教师和学生两个功能体的双向交往活动完成的。一般来说，就语文学习而言，学生是主体。如果把语文教学看作整体，则教与学都是主体。在教与学这两方面，"教"是主导的方面，因为教师引领着教学的方向，承担着培养能力、发展智力、诱发动力和"传道""授业""解惑"等多重责任。降低教师的主导作用，无助于学生有效地完成学习任务。就语文学习的过程而言，学生是课堂的主人。学生的"学"，是从不知到知，从少知到多知，从浅知到深知，从认知到理解、运用等种种转化的根据，是内因；"教"则是转化的外因。因此，科学、民主的课堂必须发挥教与学双边的作用，以教导学，以学促教，教学相长，努力使教与学双边在语文教学过程中达到辩证、和谐、完美的统一。

3. 学思同步说

现代教育要培养的是思维活跃、有巨大发展潜力的聪明人。在语文教学中同步进行语言与思维训练，在发展学生语言能力的同时，提高学生的思维能力，是适应未来一代发展的需要。在语文教学中，学生听、说、读、写能力的发展，无不有赖于想。想，还涉及人们的立场、观点和方法。想，是听、说、读、写的总开关。教师要最大限度地调动学生思维的积极性，有目的、有层次地引导学生在语文实践的过程中积极地想、正确地想、合理地想、严密地想，从而促进学生语言与思维同步发展，提高学生的语文能力，养成运用语文的习惯，形成良好的思维品质和心理素质，培养创新精神和创造能力。

4. 渗透说

语文作为边缘性工具学科，它与外部社会生活及其相邻学科有着广泛而密切的联系。语文教学固然应以课堂为主要场所，但语文教学又必须置于社会生活的宏观范围之中。要通过多种形式的课外语文活动，巩固、加深、扩大、活用课内所学的语文知识，把课内学习适当延伸到课外，从而既提高学生的语文能力和素养，又拓宽学生的知识视野。作为语文课本主体的课文，其内容涉及政治、历史、地理、物理、化学、生物、音乐、体育、美术等各门学科，而各门学科知识又必须运用科学、准确的语言文字来表述。因此，语文教学以课堂为轴心，与其他学科的沟通、联系、渗透是符合语文教育的特点和规律的。

5. 端点说（发端说）

从纵向看，语文学习是个长期的过程，可以说贯穿人的一生；从横向看，语文是学习各门功课的工具，"发射"到方方面面，遍及各个领域。语文学习更应当成为学生在校学习其他课程和未来发展的基础和发端。在这个端点上，学生不仅要学习语文基础知识，提高语文能力，养成语文习惯，而且要掌握学习语文的方法，形成正确的世界观、人生观、价值观。因此，在语文教学中，不能仅仅守住一堂课、一本书，而要使每一课、每一单元、每一册课本的学习，都成为学生未来发展的一个端点，成为学生广泛学习的一个扩展点。评价教学效果，不仅要看学生是否学完了一套中学语文课本，或者教师传授了多少语文知识，安排了多少语文训练，变换了多少教学方法，而且要看学生在中学语文学习这个端点上，为未来的学习、发展及成人成才奠定了怎样的基础，在未来工作和继续学习中为运用语文工具拥有了多大潜能。

"五说"语文教育观立足于语文教学的整体，归纳了语文教学应该而

指导"国标"教材编写的专家与编者合影

且可以达到的多种效应。工具说，突出语文教学的个性，谋求文与道的统一，旨在取得"双基效应"；导学说，阐述教与学的关系，体现了教学过程中的认知规律，旨在取得"双边效应"；学思同步说，探求传授语文知识与发展智力的关系，注重智力发展，旨在取得"发展效应"；渗透说，论述语文与生活、平行学科的联系，探求课内外的关系，旨在突破旧语文教学的封闭体系，实现"开放效应"；端点说，注重分析标与本的关系，把当今语文教学作为学生未来学习、运用语文的一个起点，把语文学习作为一个长期过程，强调语文教学的"发展效应"。

"五说"语文教育观运用系统论和辩证唯物主义哲学思想，揭示语文教学内部诸多方面的矛盾统一关系，阐明了语文学科为模糊科学的特点。立足于语文教学的整体，归纳了语文教学中应该而且可以达到的多种效应。它是从教学实践提炼出来又经过实践检验的理论，因而是构建中学语文教学科学体系的重要理论支柱。它全面、辩证地阐明语文教学中文与道、教与学、学与思、知与行、标与本、课内与课外等矛盾的辩证统一关系，从而能发挥语文教学的整体综合效应，实现语文教学结构的科学化与最优化。它有利于促进语文整体综合效应的发挥和语文教学效率的提高，可以避免课程改革和教学实验中的某些误区。"五说"语文教育观的结构具体可见图 4-3。

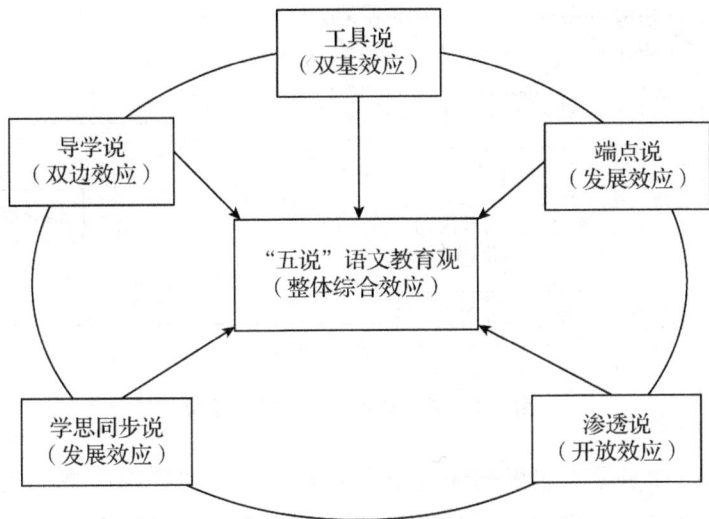

图 4-3 "五说"语文教育观的结构

（三）语文教育"链"

根据"五说"语文教育观，我尝试把语文的要素与其构成关系、规律、序列，编织成网状的语文教育"链"，以揭示语文教学隐含的内在联系，提供语文教学的新模型。

语文教育"链"是构建中学语文科学体系的核心思想，为构建中学语文科学体系提供了新的模型。"链"突破了以往一元化的简单思维方式和二元对立的思维模式。它采用几个简明的概念，囊括和覆盖了语文教学系统中诸多元素，努力展现这些元素之间的关系及其运行规律，并使各种元素结合成一个和谐、协调的有机系统，凸显语文教学的整体综合效应。

语文教育"链"从宏观与微观的结合上相对比较客观地反映了语文教育的全貌及其内部规律，揭示了语文各要素之间的逻辑联系及其体系建构的基本原理。提出语文教育"链"，就是要立足塑人，从整体上全方位、多维度认识语文教育，从而探索语文学科的科学的序，揭示语文内部各要素间的构成关系。从图4-4可大体看出语文教育"链"的结构关系。

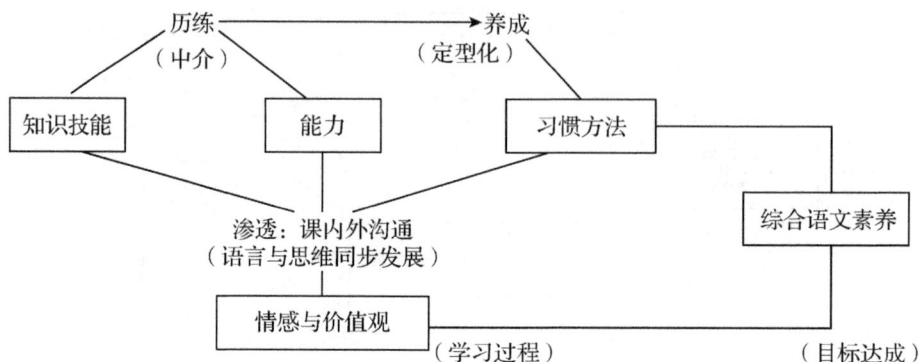

图 4-4　语文教育"链"的模型建构

从图4-4可见，这里构建的语文教育"链"，主要内涵是：把学习知识、引导历练、发展能力、获得方法、养成习惯、提高思想文化素养等各种语文实践活动，构建为一个纵横结合的科学体系。在这个体系中，知识技能是基础，通过历练转化为能力；能力定型化，形成习惯，获得方法；在获得知识和能力的过程中，渗透思想道德教育、文化教育、情感教育，促进知识技能与思维同步发展，酿成过程和方法，情感、态度与价值观的和谐统一，从而达到全面提高学生语文素养的塑人目标。

语文教育"链"作为一个完整的系统，包括三个维度：一是内容维度，即"知识技能""能力""习惯方法""情感与价值观"。二是过程维度，即"历练""养成""渗透"。三是关系维度，即"语文实践"（中介）、"定型化""语言与思维同步发展"。三者构成语文教育"链"的系统。这样的结构，从语文教育"链"的内部构成看，它的内容完全覆盖了教育目标的认知、动作、情感三大领域。"链"突出"知识技能""能力""习惯方法""情感与价值观"四大要素。语文知识大致是言语信息，属于认知领域；掌握语文学习方法（养成习惯）属于认知策略的学习；语文技能与能力，部分属于动作技能，部分属于智慧技能领域；情感与价值观属于情感领域。

　　从 21 世纪初开始的中国基础教育课程改革来看，新课程的重大变化之一就是课程目标的确定，突破了传统的"双基"目标的局限，调整为按照三个维度，即知识与能力，过程与方法，情感、态度与价值观。新课程强调三维目标，从本质上说，也是吸收了心理科学关于教育目标(或学习结果)分类的科学思想。这从一个侧面证明我们按语文教育实际构建的语文教育"链"，其内容的指向性十分明确，涵盖面非常清晰，反映了课程改革的大趋势。

　　综上所述，我们可以对语文教育"链"做出如下完整解读："综合语文素养"是语文教育的总目标，它主要由"知识技能""能力""习惯方法""情感与价值观"子目标组成。其中，"知识技能""能力""习惯方法"属于智力因素，着眼于学生的智力发展；"情感与价值观"属于非智力因素，立足于学生情感、态度、价值观的培养。语文学习过程只有充分发挥智力因素与非智力因素的协同作用，才能达成培养"综合语文素养"这一总目标。因此，语文教育"链"作为一个系统，其要素是"知识技能""能力""习惯方法""情感与价值观"。教材是课程内容的主要载体。从语文教学内容看，以语文教材为核心的语文课程内容，其内涵必然包含"知识技能""能力""习惯方法"和"情感与价值观"四项，以保持与课程目标的高度一致性。语文教材要走内涵发展的道路，也需要着重在这四个方面下功夫。从教育过程看，语文教育"链"归纳出语文教育主要是通过"历练""养成""渗透"等语文教学行为或学习方式方法来完成的。要获得语文知识、技能，掌握语文学习方法，形成语文能力，养成习惯，培养情意品德，形成价值观，就必须经过严格而科学的言语实践，以及持久而深入的文化熏陶。历练、养成、渗透，缺一不可。同时，这些教学行为方式与教学内容的转化和提高之间存在着密切的联系。语文教育"链"用"中介""定型化""语言与思维同步发展"等揭示了这种联系。要把语文知识转化成语文技能(能力)，需要经过言语实践，进行科学训练，因此，历练是"中介"。掌握方法，形成能力，并加以内化，熟练到自动化的程度，也就成了习惯，可以将它称作"定型化"。同时，语文教育过程中情感与价值观的渗透、熏陶，也离不开"语言与思维同步发展"。只有这样，才能促进综合语文素养的全面提升。

三、 中学语文教学整体改革的创新意义

第一，中学语文教学整体改革坚持和继承了我国语文教育的优秀传统，创新了现代语文教育体系，确认了语文教学的目标定位，明确提出了提高语文素养的目标，为未来语文教育的整体发展奠定了基础，起到了承前启后的作用。

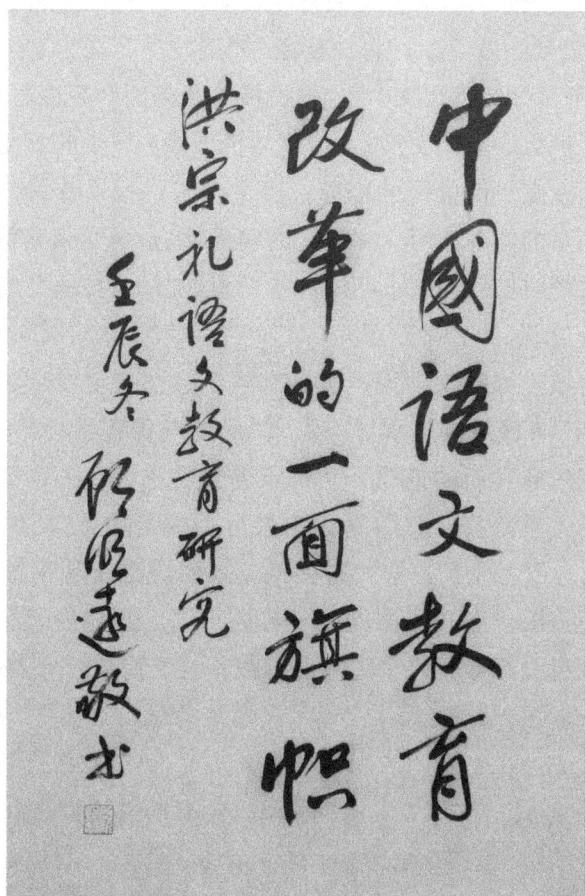

中国教育学会名誉会长顾明远题词

第二，"五说"语文教育观运用系统思想和教育哲学，清晰而简约地剖析了语文教学这个纷繁复杂的多面体，廓清了当前语文教育性质研究中某些模糊认识。其理论和实践成果成为从整体上改革语文教学、构建中学语文教学科学体系的理论基础。

第三，把"双引"语文教学法提升为教学艺术，突破了灌输式的传统语文教学模式，达到了语文教育的新境界。这一具有鲜明特色的教学创造艺术，对语文教学改革具有长期引领作用。"双引"立足于"塑人"，它作为一种先进的教学理念，已摆脱了传统的唯技能观。

第四，语文教育"链"是构建中学语文科学体系的核心思想，为构建中学语文科学体系提供了新的模型。"链"，采用几个简明的概念，囊括和覆盖了语文教学系统中诸多元素，努力展现这些元素之间的关系及其运行规律。在中外母语比较研究中，有专家认为这些理念与布卢姆注重知识积累和学习过程的循序渐进，与加涅注重学习主体的认知特点，与安德森的广义知识论等非常契合，也与中国新课程改革倡导的语文素养观有共同之处。所以，福建师范大学孙绍振教授指出："链"的理论可以拿出来与西方对话。①

第五，在课程改革中运用教材的先进理念引领教学，又在中外比较视野下提升教学理念，指导教学实践。教学、教材、科研的结合，开创了教学研究高度整体化的新模式。其覆盖范围之大，开拓领域之广，经历时间之久，研究跨度之长，参与人数之多，都是空前的，因此，它具有"1＋1＋1＞3"的教育科研的整体综合效应，使语文教育改革实践和理论研究立体化。

四、 中学语文教学整体改革的社会影响

三十多年的实践检验，特别是新课程实验基地教学的检验证明，这一教学新体系对发挥语文教学的整体综合效应、提高语文教学效率、实施素质教育、改变语文教学"低效高耗"的现状，具有显著的效果和重要

---

① 袁振国：《这就是教育家——品读洪宗礼》，北京，教育科学出版社，2009。

的实践意义，特别是对改变课堂教学结构，具有长期的引领作用。20 世纪 80 年代至 90 年代，我经常上示范课，吸引省内外教师来听课交流。布设情境，授以学法的《一双手》课堂教学情境由江苏省教育厅电教馆制作成录像，发至全省各个县市。早期的综合性学习课《模拟法庭辩论》在多班示范教学，其实录被北京《中学语文教学》全程配评论发表。《你看他（她）像谁——为本班一位同学画像》的作文公开课，课堂上学生兴趣盎然，思维活跃，始终有新鲜感、新奇感和追求感。现场速写的作文汇成《一树果》，大部分在刊物发表；《语文报》专版一次登出课堂作文 5 篇。与此同时，我总结了"引读十法"，教例 23 个，作文"三阶十六步"。写作与辩证思维 30 课，先后在全国刊物连载，并在广西全省高中骨干教师培训会上连续讲授 15 天。该省教育厅厅长认为，这一教学成果有助于发展学生高层次的能力素养。退休以后，我仍努力用我的中学语文整体改革教学成果引领实践。扬州教研室的徐然，扬州中学的田如衡，泰州海陵区教研室的丁翌平、王铁源、戈致中，泰州中学的任范洪、刘毓、杨延峰、丁如许、董旭午，泰州四中的陈霖，连云港新海中学的李震，泰兴洋思中学的刘金玉，福建三明中学的刘春菊等中青年老师，在省内外学校继续通过教学实践，检验我的语文教学整体改革思想，推广我的创新教学模式。

早在 20 世纪 90 年代中期，教授级高级教师、"江苏人民教育家培养工程"培养对象董旭午老师在四川工作时就接触了《洪宗礼语文教学论集》。2008 年 7 月，他被引进江苏省泰州中学后，进一步系统地学习洪氏语文教育思想，把"引读二十三课型""引写十法"以及"引写'三阶十六步'"等成果运用到实践中，撰写了数十篇关于洪氏语文教育思想的论文，并形成了自己的"生活化语文"。他带领学校语文组 40 多位老师一起践行洪氏语文教学体系。学校成立了洪宗礼教育思想研究所，每年都要定期举行示范教学、思想研讨、征文比赛、成果总结交流等活动。现在，学习"五说"语文教育观、语文教育"链"和"双引"教学法等理念在校内外已深入人心。学生语文能力和素养普遍提高，尤其是学习自主性，有明显的提升。

媒体关于洪氏语文的报道

目前，学习和弘扬洪氏语文教育整体改革思想，提高教学效率，教文立人，全面提升语文素养，已经成为广大语文教师的共同心声。在校外，成果的影响不断扩大。我应邀在首届苏派名师讲坛主讲"我的语文教学的价值追求"，向全国千名骨干教师介绍了中学语文教学整体改革的成果。教育部课程中心、江苏省教育厅、泰州市人民政府、凤凰出版传媒集团两度联合举办"洪宗礼语文教育思想研讨会"。中外 1000 多位专家学者和教师与会，我的教学成果得以和一线老师交流，并接受进一步检验。我应邀作为主讲嘉宾，参加香港大学等单位主办的"学会学习"国际研讨会，并连续多年为香港大学、南京大学联合举办的香港百名教师培训会做专题讲座。这使我探索构建的中学语文教学体系和教学模式在更大范围内接受教学实践的检验。据统计，语文教育整体改革思想成果影响遍及全国 26 个省、市、自治区的 600 个新课改实验区，十多万教师在培训过程中以"五说"语文教育观、语文教育"链"理念为指导，改革语文教学，提高了语文教学效率。2 万多名教师修炼和践行了"双引"教学艺术。互联网上关于"洪宗礼语文教育思想研究"的信息数万条。从"中国知网"

（www. cnki. net）检索获知，直接应用《洪宗礼文集》《母语教材研究》并在期刊正式发表的论文有五六百篇。高校研究生研究"洪氏语文"整体改革思想的论文 700 多篇。韩国、新加坡、日本、澳大利亚等国家时有介绍和评论的文章发表。2005 年，我们调查了北京海淀区、贵州贵阳、山东高密、江苏扬州、海南海口、广西柳州 6 个实验区的 275 位教师，对语文教学改革反映"良好"的占 84％，"一般"的占 10％，"无效"的占 6％。2013 年，高等教育出版社出版的《洪氏语文》，汇集了教学实践、教材实验、中外母语比较研究三方面成果。它将进一步引领中学语文教学整体改革，并在进一步的实践检验中完善其科学体系，逐步形成洪氏语文整体改革教学流派，促进我国中学语文教学改革。

　　中学语文教学体系改革的道路，是铺满鲜花而又荆棘丛生的，特别是想要把零散的、局部的语文教学改革上升为整体改革，要建立民族化与国际化统一的语文教学科学体系，还有很长一段路程。而要在应试背景下闯出一条新路来，真正摆脱急功近利的应试化教育的羁绊尤为艰难，必须在理念转变、认识提升、改革深化等方面花大力气，甚至要付出几代人的辛劳。

第五章

中学语文教学整体改革的课堂风采

一、 用爱心和智慧打造塑人的课堂

课堂教学是语文教学的主阵地，课堂上师生这个共同体在互动中得以发展。课堂整体改革要调动师生双边的积极性和创造性。

讲台是教师最好的练功台，教师在课堂上发展了学生，也必然发展自己。整体改革的突破口在课堂。

教育的目的是塑人，塑造有健全人格、公民素养、担当情怀、奉献精神的大写之真人。课堂整体改革立足于塑人。

教学即创造，课堂教学是创造艺术。教师要善于用爱心和智慧打造塑人

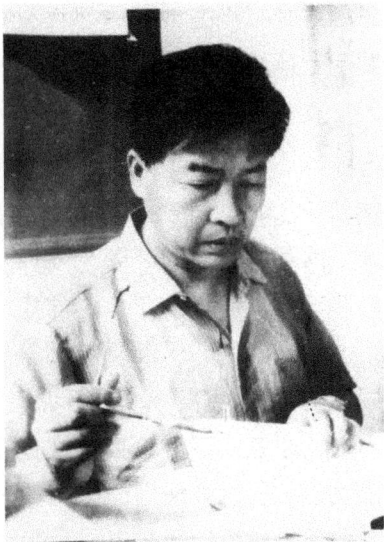

撰写《课堂教学十境界》的报告

的课堂。引导学生以"有限"课堂为发端，发展"无限思考力和创造力"，为未来终身学习奠定基础，从而让语文真正站起来，活起来。我认为理想的语文课堂应有十种境界。

（一）浸透教育爱、师爱

缺乏爱的课堂，是遗憾的课堂，是缺失的课堂，是没有生命力的课堂。有爱才有智慧，有爱才有灵性，有爱才有活力。大爱要体现在课堂教学的每个细节，至爱要渗透到内心深处，博爱要关注到每个学生，最好的爱莫过于对学习主体——学生的尊重。

每个班级总有少数学生的思维呈潜藏状态，这些学生的心里同样蕴藏着思维潜能，他们心灵深处都有一片待开垦的"处女地"。课堂上，教师的语言可以成为萌发学生思维的春风，也可以成为学生思维凋零的秋霜。机智的一语点拨，可以让学生的思维如久壅顿开的泉水汩汩流淌；一句轻声的责备，也可以浇灭学生思维的火花。

教师启发学生思维时，往往会在有些学生身上"卡壳"。因此，他们更需要教师用真爱和睿智的目光，去发现他们的表达欲望，爱护他们的思维方式，点亮他们的思维火花，即使一时"启而不发""调而不动"，也要耐心地等待。

有一次，我上公开课，教学《皇帝的新装》。一位同学回答"故事结尾为什么让一个孩子来戳穿谎言"的问题时，说了一半忽然讲不出来了，其他同学"唰"地都举手抢答。我微笑着对大家说："我相信他一定能答出来，请等他一分钟。"等一分钟，是艺术，是对学生思维积极性、自尊心的保护，是师爱。在60次秒针的"嘀嗒"声中，他终于爆发出了思维的火花。这位同学不仅圆满地回答了问题，而且回答得很精彩。课后有人提醒我说："你当着800位听课老师的面，说孩子一定能答出来，万一答不出来，你怎么下台？真为你捏把汗。"我说，这是基于我平时对这位学生语文水平、思维能力的了解，我是成竹在胸，即使冒点险，为了保护孩子的学习积极性也值得，这叫"有失有得"。

（二）内涵丰富多彩

有教育机智的教师总是善于精心设计每一堂课，巧妙安排每一个教学环节，运用多种教学手段，增大教学容量，提升文本的文化底蕴，使课堂教学的内涵充实而丰富多彩。课堂教学内涵充实、丰富，并不意味着教学内容的多多益善，有时，适当减少内容，反而使教学更加厚重。充实、丰富，也不意味着教学环节的繁复，有时，简单的几个步骤却使得教学越发灵动。充实、丰富，也不等于教学手段的多样与时髦，有时，最朴素、最古老的方法也能使教学效果不同凡响。这就是教学艺术的辩证法。

课文《一双手》，文章表面的意思，孩子一读就懂，看不出内涵的深意和高明的表达技巧。按照一般的教法，就像师生共饮一杯白开水。我教《一双手》先后设计了三个情境，使课堂丰富起来。

情境一：抓外部特征。用老松木比喻文中主人公张迎善的手的主要特征：粗→老→硬→干→色深→厚。让学生用自己的眼去看，用自己的感官去感受那手指是如何的"粗",如何的"干",从而联想到这位劳动模范几十年如一日植树的艰辛。这样的感受,一定要比单纯的抽象概括丰富得多,细腻得多。

情境二:妙用一把尺子。讲张迎善的手大,作者用了长、宽、厚的一组数字,在引导学生体会课文运用数字的作用之后,我设计了比手大小的环节。让学生用尺子量自己的手的长、宽、厚,与张迎善的"大"手做比较。这个体味"大"的过程,把学生从惯常的概括之中拉回来,让他们认识到简单的概括不能使事物丰满,只有具体、具象,才能丰满。通过量自己的手,一个看来非常空泛的"大"字顿时鲜活生动起来,显露了文章用字的精妙。

情境三:咀嚼一个"裹"字。我引导学生从"裹"字体会张迎善的手大。我对学生说:这个"裹"字用得好不好?同桌的同学互相裹一裹手,看能不能裹起来。

学生说:"裹不起来。""突出了手的大。"

我问:"这句话中的'裹'字能不能换成'包'字?"

有个学生说:"不能,因为这是比喻张迎善的手,用'紧紧''裹'意思很深。第一,说明手很大;第二,手很有力量;第三,这个人很热情。"师生对"裹"字的探讨,与作者不谋而合。

这里用的是从直观读出具象的方法。在读书的过程中,通过还原"裹""紧紧"这些平凡词语的真实情境,学生真切感受到了张迎善的手是如何的"大"!

这便是使课堂教学充实、丰富起来的关键:从课文中拎出能够给学生留下深刻印象的语句,然后布设情境,引导学生体会这些词语所蕴含的丰富的意义与情味,而不是那种泯灭印象的概括。这里隐含着通常所说的由过程走向结果的理念。三个情境把白开水烧得沸腾起来,丰富起来。课堂应当追求这样的教学效果。

(三)知、情、意、行完美统一

知、情、意、行的融合就是在语文课堂教学中要把知识与能力,过程与方法，情感、态度与价值观融合在一起，体现语文为模糊科学的特点。这是汉语文得天独厚的优势，尤其在"语文综合实践"的教学活动中，更需要体现这一思想，需要在知、情、意、行的融合上花一番工夫。

30年前，我教实验班，在人教版高中实验课本的基础上，设计了《模拟法庭辩论》的教学。这可以说是最早的语文综合实践活动课之一。教学过程中涉及语文课程知识和语文读、写、听、说各项技能之间的关系，其中有如何阅读法律文书"庭审记录"、如何写作"法庭辩论稿"；涉及基础阅读方法系列中的速读、细读和研读；涉及细读中的圈点批注，研读中的"比较参读"和"质疑阅读"等。这些知识与技能不是以单纯的静态面貌出现的，而是以动态过程形式呈现的，成为指导学生读、写、听、说言语实践的程序性知识，发挥了适时为学生的实际操作定向的作用。这个过程还涉及语文活动与思维活动的关系，其中包括庭审记录的话语概括，整理分析案情时填写表格，预测辩论动向，预设询问和答辩提纲等。这些设计把学生在阅读中的思考活动外化为可见、可查的口头语言与书面语言，有效地强化了语文各要素间的整合与渗透。

（四）富有教育智慧和灵性

语文应是诗意的，充满智慧和灵性。一堂好的语文课也应该是有灵性、有智慧的课。叶澜教授说，智慧不是简单的、一般的逻辑思维的能力。在实践中的智慧是透视实践、改造经验、提升自我的能力。它往往表现为怎样处理鲜活的、具体复杂情境和过程中的各种情况，并在这个过程中不断形成新的理解、新的思想。

这是一种通达洒脱的境界。要达到这样的境界，教师要有很高的语文教育综合素质，要在课堂教学的实践中培养自己创造的智慧和灵性。我深切地体会到具有这样的智慧和灵性的价值，所以努力在自己的课堂上践行。

我教作文人物速写《你看他（她）像谁——为本班一位同学画像》，当课堂上出现两位同学对作文内容激烈争辩，几乎要扭打起来的"突发事件"时，我才感到，这时教师的教学智慧更需要具有化解矛盾、协调关系的重要能力。人们总是愿意用"有教育机智"来评价能够有效处理课堂突发事件的教师，认为他们具有一种难以言传的教育才能，并把这种才能归为一种特殊才能。这样，"教育机智"就被涂上一层神秘的色彩，被玄化了。固然，从处理事件的迅速、机敏等方面来说，教育机智确实不失为一种灵活多变的才智，但是从我和学生的对话中，在我用张飞和鲁迅的外形描写引导全班同学讨论，从而化解冲突时，我发现机智、灵性的背后仍然是教师对学生的了解、信任和珍爱。教育有爱，才是教育机智的真正归因。

智慧型教师不但要善于"处理鲜活的、具体复杂情境和过程中的各种情况"，而且要学会在课堂上察言观色，能透过学生的一言一行、一举一动，甚至通过观察学生不同的眼神，把握学生的学习心理，有针对性地调动学生思维的积极性。课堂上每一双眼睛就是一扇教学信息窗口。学生的眼神就是无声的教学反馈：有的透出自信；有的含着怯懦；有的表露出强烈的表达欲，不吐不快；有的显得胸有成竹，不屑一谈；有的锁眉沉思；有的茫然淡漠；有的表示心领神会；有的则百思不得其解……我在教学中总是用心洞察这些眼神，从中了解学生的学习心理，因材施教。

（五）严谨、扎实又不乏灵活

扎扎实实的课往往不如花哨的课抢眼，但它流淌着知识的琼浆，提供丰盛、美味的精神大餐。我认为，语文教学理想的境界是把实与活结合起来。

教《孔乙己》，一般当讲到孔乙己"对柜里说，'温两碗酒，要一碟茴香豆。'便排出九文大钱"时，往往对"排"字一带而过，我认为这不妥，不能放过这个"排"字，要引导学生做一做"排"的动作，把"排"字落到实处，又让它活起来。我对学生说："同学们，'排'是个极平常的字，但鲁迅先生用在这儿，很有深意。请大家好好琢磨一下：孔乙己当时究竟是怎样'排'出九文大钱的。我们不妨做做看，学一学这位'上大人孔乙己'的动作，用心体会鲁迅先生用字的妙处。需要提示大家：人物的外在动作，是他内心情感的直接反映。要做好动作，必须准确把握孔乙己当时的心理状态。我给几分钟时间，大家准备准备。"

一个学生走上讲台把九枚硬币排成一线，用双手一推说："就这样'排'。"我说："请你说说你这样做动作的理由。"学生说："孔乙己好喝酒，数出九个钱，双手一推，急着要喝酒呢。"我表扬了这个学生。

另一个学生走上台来，先把九枚硬币排在手心上，又"哗"地一溜儿泻在台面上。学生说："孔乙己今天口袋里有钱，他洋洋自得，'今朝有酒今朝醉'。这个动作，就是要表现他得意的心理状态。"他的表演受到同学们的好评。

又一个学生把九枚硬币用拇指一枚一枚按到台面上，整整齐齐地排好，说："孔乙己在心里说：'我孔乙己今天不但付钱喝酒，酒还要喝两碗呢。我是个知书达礼之人，满肚子学问，你们竟敢笑话我？真是岂有此理！'"

塑造典型人物，是写小说的基本要求。我这样讲"排"字，是培养学生选择最准确的文字，塑造典型人物形象的能力。

(六)课留"思地"， 具有弹性

画留空白，课留"思地"。高明的画家会在画面上留下耐人寻味的空白；出色的乐师常把听众引入"无声胜有声"的境界；有经验的教师往往给学生留下充分思考的余地。教师要深谙有张有弛、动静相宜的妙处。

《阿Q正传》中"穿着崇正皇帝的素"这句话，蕴含深意，我本可通过讲解把答案直接告诉学生，但为了拓宽学生思考的空间，培养他们主动学习、独力思考的精神，我明知故问：鲁迅先生在这里为什么把"崇祯皇帝"写成了"崇正皇帝"？有的学生说是笔误，有的说是印刷排版出了差错，有的说是对封建帝王的讽刺和嘲弄……

我没下结论，而是让学生把问题带到课外去思考。

(七)始终有追求感、 新鲜感

教师要善于启发学生的思维，精心设计每一堂课，巧妙安排每一个教学环节，从而使学生始终有新鲜感、新奇感、追求感。激发学生的求知欲望，有多种方法，可以设悬置疑，层层激思；可以故拟相反答案，预设思维岔道；可以投石激水，引起争论；可以把学生带入特定情境，触景生思；也可以别出心裁，策划智力游戏，引逗思维的乐趣。总之，要使学生感到积极思考是一种需要，一种乐趣，一种享受。

我的一堂作文课，一上讲台就在黑板上画了一个特大的问号，学生一下子就被这问号吸引住了(设悬)。接下来，我问："老师今天第一天给你们上课，带给大家一个礼物。是什么礼物？猜猜看。"(置疑)大家左猜右猜，怎么也猜不出。有的说是书，有的说是钢笔。我提示一句："礼物不一定是具体的物品，还可以是?"(点拨)我的话音未落，就有人脱口而出："是思考。""意思对了。"我马上肯定，并说，"你真聪明。"(激励)"大家能用一个字来表述吗?"(启思导练)大家异口同声地说："想——"我用排比句突出这个礼物的宝贵："想，是打开知识宝库的钥匙；想，是走向未来的桥梁；想，也是语文读、写、听、说的总开关。打开这个总开关，读、写、听、说四盏灯才会亮起来。"(用三个"想"把课的主题和重点深深地烙在学生心里。)

为了让学生理解"想"是不是宝贵，为什么宝贵，我讲了个小故事："一位妈妈搀着 6 岁的女孩小芬，夹在火车车厢拥挤的人群中，突然，手一松，小芬不见了。"我说："请同学们发挥自己的想象续写故事，把'想'这个法宝用上。"(引导扩散思维)学生想出了 6 种思路。哪种思路是合理的、深刻的，哪种思路是偏颇的、肤浅的? 我引导学生做出评价，让他们从主动地想、积极地想，提升到合理地、深入地想。最后，我就小黄鱼与大黄鱼的区别这个问题，要求学生向渔民、鱼商、科技人员请教，查阅图书、网络资料后认真思考分析，写一篇简单的研究报告。在这一过程中，学生懂得了思考和实践的关系，学生的思维再次被引入深处。

(八)协调、和谐、民主化

教学过程主要是由教师和学生两个能动体双向交往互动完成的。从本质上说，教学的过程就是实现教师主导性和学生主动性统一的过程。

因此，师生之间应当始终保持协调、和谐的民主、平等关系。

课堂上教师要积极引导学生自主、独立地学习，不能把课堂教学误解为"给予"和"接受"的关系。对学生在课堂上暴露出来的缺点、弱点和问题，应循循善诱，实现在课程生态环境下的课堂"对话"，从而让课堂在教师和学生的积极互动中创生出新的智慧来。这是民主化课堂起码的要求。

我教《联想与想象》，与学生平等对话，有问有答，自然、亲切，有说有笑，毫不拘束。学生回答问题不妥，不完整，我就和他们一起商量、研讨，甚至用俏皮话鼓励他们和我争论，允许他们反驳。这实际上是保护学生的缺陷美。在这种民主化的氛围中，教师成了学生值得信任的朋友。

（九）序而有变， 动静相宜

课堂教学可以有一定的程序，或大体的系列，但不应设计一套教学程式，或用固定模式改编"教参"，甚至变相因袭凯洛夫的几个环节，刻意追求所谓"科学系统"。更不可取的是把最具生命力、最有灵性的语文课堂僵化、模式化。一堂好的语文课总是序而有变，节奏鲜明，既有条不紊，又跌宕起伏，就好比演奏一部动人的乐曲。

课堂教学的核心是个"活"字。教师教法的优劣、精粗、雅俗，不能只看课前预设的问题多么巧妙，安排的序列多么精细，而是要在是否"活"上加以区分，在"活"字上体现。我教《小橘灯》，尽管课前理出了一个大体满意的思路，但在实施课堂教学过程中，我按照教学计划要"适合学生"，以人为本的原则，先后根据课堂教学过程中新的意外的发展变化，四次改变原教学计划的线路，随机调整教学思路。课堂节奏虽有波澜，却和谐、平稳，尽可能做到了序而有变。

（十）如话家常， 平易朴实

课堂语言要亲切、洗练，自然、温馨，充满关爱，要让学生乐意和老师互动，心甘情愿、真心实意地积极投入。教师在课堂上每讲一句话，乃至每用一个词，都要谨慎，反复推敲，不仅要加大含金量，准确、深刻，有哲理情趣，而且要用语温馨，平易近人、朴实、亲切、自然，如话家常。

以下是我在《藤野先生》的教学片段中与学生的对话。

师："东京也无非是这样"，"这样"，是什么样呢？请大家仔细看课文的一、二小节。

（学生边看书边思考。）

生：东京有樱花，有"清国留学生"。

师：樱花怎样？

生："樱花烂漫的时节，近看确也像绯红的轻云。"（教师插话：是"望去"，不是"近看"。）

师：这个比喻反映了鲁迅先生对东京的樱花还是满意的，可是"清国留学生"又怎样呢？

生：头顶上盘着大辫子，顶得帽子"形成一座富士山"。

师：为什么不说"形成一座泰山"或者"形成一座其他什么山"？

生：过去我们学过，夸张也好，打比方也好，最好"就近取材"，这样才贴切，易懂。"富士山"是日本最高的山，山体像圆锥，而且"清国留学生"又在日本。

生：用"富士山"来形容，更有讽刺性。

师：好，能灵活运用学过的知识解决问题。继续讨论："清国留学生"是什么样的？

生："清国留学生"的辫子油光可鉴。

师："鉴"的原意是什么？这里做什么讲？"油光可鉴"的意思是什么？

（学生引用注释来回答。）

生：走起路来还要将脖子"扭几扭""实在标致极了"。

师："标致"原意是漂亮，这里讲的是什么意思？

生：丑态百出！

生：令人作呕！

师：为什么不直接说"丑态百出""令人作呕"，而要用"标致"，还前面加上"实在"，后面加上"极了"？

（学生在比较中揣摩，在揣摩中领悟。）

生：这是运用反语，讽刺力度大。再加上"实在"和"极了"，讽刺性就更强了。

师：对。"实在标致""标致极了"，都不如"实在标致极了"有力有味。

师：同学们，上面所说的这些丑态百出的"清国留学生"，鲁迅先生是在东京的什么地方看到的？

生：在"花下"。

师：有多少人？

生："成群结队的"。

师：据有关资料说，这里的"花下""成群结队的"等词语，原稿中本没有，是作者在定稿时加上去的。没有这些修饰语，句子也通顺，为什么要加？

生：一加上去，那些"清国留学生"无心读书、贪图玩乐的丑态便跃然纸上了。

召开"洪宗礼语文教育思想研讨会"，教育部和
省市领导及 1000 多名专家、教师出席

总而言之，理想的语文课堂，是充分尊重学习主体学生的，富有灵性和智慧的，充满生机和活力的，又能给学生真、善、美的享受的开放的课堂，而不是肤浅空洞、单调乏味、死气沉沉的封闭课堂。理想的语文课一定要走进学生的心灵，融入学生的生命，铸造学生的灵魂。

二、 课堂实录及专家评点

东坡先生诗云："不识庐山真面目，只缘身在此山中。"这两句诗是说，如果只能深入其中而不能高出其表，就难以识得庐山真面目。然而，探求语文教育教学规律，提升语文教学理论，只有身入其中，才能高出其表。我数十年孜孜不倦地从事一线教育教学工作，才从实践中摸索出一些教学门径。我担任校长 20 年，当教材主编 25 年，主持国家重点课题 12 年，从不离开教学实践。"身入其中"，我才创立了"五说"语文教育观、"双引"教学论，锤炼了引导的教学艺术。

这里的两组教学案例就是我进入教学的理想王国，"高出其表"的成果。

(一)《一双手》课堂教学实录及专家评点

教材：《江苏省义务教育三年制初级中学语文试用课本》第一册。
教者：洪宗礼。
班级：江苏省泰州中学七年级(2)班。
时间：1990 年 10 月 7 日。

师：上课！请坐下。
同学们，试用课本第三单元的课文都是写人的，今天我们要学的课文是本单元的最后一篇课文，写的是一位林业工人。
大家知道，写人，特别是写人的外貌特征，往往抓住人物的哪部分来写呢？(学生举手)哟，都知道。好，你说！
生：我认为最好抓住人的表情来写。
师：人的表情？我刚才问的是写人物往往抓住外貌的哪部分来写？

生：眼睛。

师：眼睛？为什么要写眼睛呢？

生：从眼睛可以看出人的表情。

生：因为眼睛是心灵的窗户。

师：好，不错。我在讲台上看你们的一双双眼睛都是亮晶晶的、水灵灵的，的确是心灵的窗户。我通过你们的眼睛就知道你们心里想的是什么。你说了一点，是对的。写人物为什么写眼睛，还有没有其他什么理由？

生：眼睛是会说话的。

师：眼睛会说话？你的眼睛是怎样说话的？

生：比如，现在我正在回答洪老师提出的问题，我的眼睛告诉洪老师我正在思考。

师：你的回答真好，真聪明！一般地说，写人的外貌特点，是写眼睛。而我们今天讲的这篇课文的作者偏偏不去写眼睛，而是写一双手（板书课题：一双手）。请同学们把书翻到第135页。

美术老师说手最难画，而且无丝毫的表情。作者的思路是不是有点怪呢？我们一边读课文，一边思考这个问题。"我握过各种各样的手——老手、嫩手，黑手、白手，粗手、细手，还有唐婉式的红酥手，但都未留下很深的印象。"

师：唐婉是什么人？××同学说说看。

生：唐婉是宋朝诗人陆游的妻子。

师：你怎么知道的？

生：书上有注释。

师：他会看注释。看注释，这是读书的一种本领，很好。我们大家都要养成读书看注释的习惯。

"红酥手"的"酥"是什么意思？是不是街上卖酥饼的"酥"？

生：不是的。注释上说，"红酥"，亦写作"红苏"，指红润、细腻。红酥手，是指古代美人红润、细腻的手。

师：作者握过很多手，但都未留下很深的印象。读到这儿，我又想到一个问题：课文题目明明是"一双手"，作者为什么偏偏列举出"各种各样的手"，而且是一双双"未留下很深的印象"的手呢？是不是跑题了？大家可以议论。(学生七嘴八舌地小声议论。)有同学反应很快，已经知道作者的用意了，但还有些同学没有领会。读完第二段、第三段，大家都会清楚的。请读了以后再来回答这个问题。

请一位同学把第二段、第三段读一下。

(学生读第二段、第三段，教师运用幻灯片解释词语。肩镐：肩，这里是动词，意思是用肩扛；镐〈gǎo〉，刨土用的工具。板书：不论……只要……就……)好，念得很清楚，请哪位同学回答一下，为什么先不写这一双手，而是一开头就写各种各样的手？

生：我觉得这样写，把各种各样的手与这一双手做比较，可以从各种各样的手引出张迎善的手。这是用的对比衬托的手法。

师：对比衬托的手法？也就是用"各种各样的手"来衬托这"一双手"，是不是这个意思？

生：(齐答)是的。

师：这是什么方法？

生：叫铺垫。

师：还有其他意见吗？

生：烘托。

师：还有什么说法？

生：衬托。

生：我认为是烘云托月。

师：你用的这个词是从哪儿看到的？

生：我从昨天的报纸上看到的。

师：你看的课外书报不少，记忆力又好。和刚才几位同学用的词不同，但讲的意思都是对的。作者一方面写"未留下很深的印象"的各种各样的手，另一方面又写"不论在什么地方，只要再提到它，就能马上说出"的一双手，目的就是要从各种各样的手与这一双手的对比中，更加突出"天下第一奇手"。

（板书：天下第一奇手）

师：那么，这一双手哪些地方"奇"？作者怎么写"奇"的？请大家一起来学习课文的第二部分，也就是第四段到第十八段，共十五个段落。这是全文的重点，这一部分主要写采访中关于一双手的见闻。请同学们运用试用课本中"阅读方法和习惯"中"读书四到"的方法，自己独立地阅读这一部分课文。请先看幻灯片。

读书四到

眼到——仔细看书，一览文意。

口到——出声念书，熟读成诵。

手到——圈点勾画，摘记撮录。

心到——揣摩领会，认真思考。

师："眼到"的要求是什么？

生：（齐答）仔细看书，一览文意。

师："口到"的要求是什么？

生：（齐答）出声念书，熟读成诵。

师："手到"的要求是什么？

生：（齐答）圈点勾画，摘记撮录。

师："心到"的要求是什么？

生：（齐答）揣摩领会，认真思考。

师：用"读书四到"方法学习这部分课文，我提几点具体要求。

"眼到"：仔细看懂作者写的是怎样的一双"奇"手。

"口到"：出声念描写手的特征的好的语段或句子。

"手到"：勾画圈点，标出段序，画出写手的特征的重要语句。

"心到"：用心揣摩，作者是按照什么顺序，从什么角度写"奇"手的，写手"奇"运用了什么写作手法，写手"奇"的目的是什么，可以借助课文右边的"读中提示"来思考。

好，下面请一位同学朗读。哪位同学自愿读？要求朗读的人很多。（指定一位同学朗读，其余同学轻声随读，教师在行间巡视，小声个别指点"读书四到"学习方法。）

课堂情境：一双手成了老松木

师：读得很好，好极了。刚才我看了一下，许多人在课本上做了圈点勾画，标出了重点词语和重要语句，有的还在有疑问的词句旁边加了问号。这说明大家不仅眼、口都到了，而且手也到了。我提几个问题，着重检查一下同学们读书时心有没有到。

第一个问题：课文是人物专访。作者是从什么角度来写人物的"一双手"的？谁来说说？

生：我认为是从采访的角度。

师：对，是采访的角度，所以写了采访者的活动。作者是在和被采访者张迎善的一系列接触中，通过所见所闻来写"天下第一奇手"的。哪位同学能从各段中找出反映采访过程的几个主要动词。抓住这几个动词，我们也就可以把记叙的线索理出来。大家可以边看书，边把找到的有关动词用钢笔圈点勾画出来。我们看哪位同学找得最快，哪位同学找得最准，哪位同学找得最全。

有人举手了，好。又有很多人举手，不要着急。反应快的同学要耐心等一下。请××说一下。

（学生纷纷举手，找出一系列动词，教师放幻灯片，放出主要动词：握→抽→裹→察看→问→量→搓→介绍手。）

师：我们看看幻灯片放映出的词。勾画不全或不正确的同学，对照幻灯片添加、改正一下。（借此，师生共同分层次。）

作者在一系列的采访活动中，通过自己的直觉写出了一双手的奇特，给读者以亲切感、自然感。

从同学们对第一个问题的讨论中可以看出，大部分同学读书时初步做到了"心到"。

我再问第二个问题：课文的哪一段是写"一双手"给作者最初的印象的？主要是哪几句话？哟，都知道。哦，还有一位同学没举手，大家再等等。好，全了。请××说。

生：第四段，"那简直是半截老松木"。

师：你见过松木吗？

生：见过。

师：松木是什么样子？我最近请木工师傅找了半截老松木，是这样的。

（出示半截鹰爪形的老松木，全班学生兴奋地笑起来。有的从座位上站起来看，教师在行间巡走。）

师：我要同学们看着老松木，想一想作者用半截老松木比喻一双手，说明一双手有哪些"奇"的特征？

生：粗。

师：为什么？

生：松木表皮粗糙。

师：还有什么？

生：老。

师：哪里老？

生：本来就是老松木。

师：还有什么？

生：干。

师：松木在老师手里，你怎么知道是干的？

生：那块树皮已裂了，所以干。

师：还有没有？想一想，仔细想想。你说！

生：（站起来又愣住。）

师：不要性急，我相信你会想起来的。其他同学可能已想好了，可我还是要请这位同学说。（两秒后）

生：硬。

师：很好，硬，你摸一摸，硬不硬？（把松木送到学生手上摸一摸，学生回答"很硬"。）还有一个词，能再想一想吗？（全场静思）大家可以从颜色和形状上考虑。

生：颜色比较深。

师：对，色深。还有没有？

生：我认为还有厚。

师：好。大家一凑，就把以树喻手的特征说得准确、完整了。

（教师归纳以松木喻手的几个主要特征。板书：粗→老→硬→干→色深→厚。）

师：我再问第三个问题。有人说，世界上任何比喻都是有缺陷的，你们觉得用"半截老松木"比喻一双"奇手"有什么不足？还有手的哪一个特征没有表现出来？

（几个学生插嘴："大！"）

师：大？课文中哪里写"大"的？能不能找出来？

（学生纷纷举手。）

师：不要粗心，课文中写大的不止一处，要找全了。

（学生圈点勾画写手大的语句，教师运用幻灯片字幕解释词语"本能"：人和动物不学就会的性能。）

生：课文第十七段，作者列举的数字是写手大的。

生：第八段，手指特别肥大，一只手指就像一根三节老甘蔗，也是写大的。

生：第五段，"那只大手把我的手紧紧地裹住了"是写大的。

师：这个"裹"字用得好不好？同桌的同学互相裹一裹手，看能不能裹起来。

（同学互相裹手，课堂一片活跃。）

师：裹不裹得起来？

生：裹不起来。

师：怎么会裹不起来呢？

生：手小。

师：手小，我的手与你们的手比起来可能是大手了，也不能把你们的手裹起来。（教师用自己的手裹前排一位学生的手，果然裹不起来。）那么，课文作者是用什么方法写手大的呢？

生：（齐答）对比。

师：对，用大手比小手，突出"一双手"之大。越比越大。那么，为什么又用"紧紧"呢？可不可以去掉？这句话中的"裹"字能不能换成"包"字？

生：不能。

师：什么理由？

生：因为这是比喻张迎善的手，用"紧紧""裹"意思很深。第一，说明手很大；第二，手很有力量；第三，这个人很热情。

师：太好了，你想得这么全面深刻，可见你真正做到"读书四到"了。

这一段用对比写手大，那么第十七段用的什么方法写手大呢？

生：用数字。

师：用数字有什么好处？不用数字不是同样可以说明手大吗？比如，有同学作文时写大，说"很大很大""非常大""大得不得了""大得惊人"，这样写好不好？

生：不好。

师：为什么？

生：（七嘴八舌）太空洞，太笼统。

师：张迎善的手究竟有多大？先请大家把文具盒里的小尺子拿出来量量自己的手多大，把数字告诉我，长、宽、厚全量出来，算出张迎善的手比你的手大多少。

（学生量手，并随口报数字：长16厘米，厚1.2厘米……课堂一片活跃。）

师：（把手伸出）请一位同学给我量一量。（学生争着量教师的手，一位同学抢上讲台量教师的手。）

生：长18.5厘米。

师：班上哪位同学手最大？

（学生一致推荐体育委员任远，任远登上讲台量手。）

师：请把你的手的长、宽、厚的数字量出来。

生：长19.5厘米。

师：哈！比我的手还长1厘米。

生：宽8厘米，厚1.5厘米。

师：我们请你把你的左手按在幻灯片的张迎善的手的图片上，这张图的尺寸是按课本上的数字画的，因为人们的手的长、宽、厚一般是成正比例的，我们只要比一比手长就可以比出谁的手大。

（任远把左手按在幻灯片的图上，教师打开幻灯，屏幕上立即映出手的对比影子，任远的手显得很小，全班同学哗然。）

师：谁的手大？

生：张迎善的手大。

师：下面讨论第四个问题：课文中写一双手，写得最细腻、最具体的是哪几段？哎呀，很多人都知道了！××说。

生：第七段、第八段、第九段。

师：找得对。第七段、第八段、第九段写了张迎善的手的很多细小的部位。哪些部位呢？不必举手，可以随口自由地说。

（学生随口答：掌面、老茧、大指等。）

师：下面我说一个部位，你们就用课本中的话把它的特征说出来，这可既要眼到又要口到了。

师：皮肤怎么样？

生：(齐答)呈木色。

师：纹络——

生：(齐答)又深又粗。

师：掌面——

生：(齐答)鼓皮样硬。

师：老茧——

生：(齐答)布满每个角落。

师：手指头——

生：特别粗大肥圆。

师：一个手指头——

生：(齐答)就像一根三节老甘蔗。

师：左手大拇指——

生：(齐答)没有指甲，长过指甲的地方，刻着四条裂纹，形成上下两个"人"字，又黑又深。

师：手指各个关节——

生：(齐答)都缠着线，线染成泥色。

师：下面请同学对照幻灯片放出的手的图，默念课本上描写手的细部的语句，两分钟后，请一位同学不看书，指着图，分析张迎善的手的各细部的特征。

(学生眼、手、口、心并用，紧张地一边观察手的图，一边看书，一边圈点勾画，一边强记课文语句；教师巡视行间，个别指点。)

师：哪位同学上台讲？

(学生纷纷要求上台，教师指定一位学生上台。)

生：(用教鞭边指手的图的各部位，边介绍分析)皮肤呈木色，说明手的颜色深；手指头粗大肥圆，说明手大；各个手指缠着线，说明手干硬；大拇指没有指甲，长着指甲的地方刻着四条裂纹，形成上下两个"人"字，说明手干硬；老茧布满每个角落，说明手硬、干；纹络又黑又深，说明手粗、老；一个手指头就像三节老甘蔗，说明手老；手指各个关节都缠着线，说明手干裂；掌面像鼓皮，说明手干裂。

师：你说得太好了，你记忆力很好，口头表达很清楚，有条理，而且边介绍边分析，可真正是眼、手、口、心都到了。刚才××同学说张迎善的手是一双又粗又硬又干又老又厚，色又深的手。这双手是不是"天下第一奇手"啊？

生：（齐答）是的。

师：课文先总写"一双手"，又从细部写"一双手"，都是写的作者采访中的所见。接下来作者着重写关于手的所闻，通过所闻，交代形成"天下第一奇手"的原因。

师：那么，32岁的林业工人张迎善的手为什么会成为这样的"天下第一奇手"呢？我希望大家通过眼看、手画、心想的方法，从课文中找出四句话来具体分析一下张迎善的手为什么变得粗、硬、老、干、厚、色深。

（学生看书，勾画圈点。）

师：好，有人举手了。不要着急，再想一想，可以先把几句话勾画出来。不求完整，两句、三句、四句都可以。

生："一天能栽1000多棵树""这双手已经栽树26万多棵"。

师：这几句话是不是主要的？

生：是的。

师：还有没有？

生：这是一双创建绿色宝库的手。

师：这句话有什么含义？

生：张迎善的手，美化了祖国，创造了财富。

师：好，还有没有？

生：这双手亏得是肉长的，若是铁铸的，怕也磨光、磨透了。

师：对，把手与铁比，手比铁还坚硬。它有什么含义？

生：把手与铁相比，说明手的坚硬、有力、耐磨。这个比喻歌颂了平凡而艰苦的劳动。

师：你是怎么想到的？

生：我是从课本的"读中提示"中看到的。

师：你能借助"读中提示"来分析思考，说明你不但学会了课文，而且会学课文。你的眼不仅看到了课文，而且看到了提示。很好！同学们，作者先写了"所见"的手的外形的特征，然后又通过"所闻"写出"一双手"创造的奇迹。把所见所闻结合起来，用一句话概括，该怎么说？

生：（齐答）奇手创造奇迹。

师：说得好。一方面是手的外形奇，是正面写的；另一方面是手的奉献奇，是手的内在奇。到这里，我们可以悟到：为什么会说话的眼睛不写，而要写一双手，写张迎善这双手是因为张迎善不畏艰辛、无私奉献，因此说张迎善这个人是中国工人阶级的代表，写手是为了写人，是为了写张迎善这个不畏艰辛、乐于奉献、心灵美、情操高的人。这一点，大家必须清楚。作者从所见写到所闻，最后一段，又自然地写出了所感，请大家齐读最后一段。

生：（齐读）看着这双手，我仿佛看到了一山山翠绿的森林，听到了"嘎嘎"的树倒声……我隐约悟到：美，是以丑为代价的。

师：张迎善的手丑不丑？

生：（齐答）丑。

师：绿色宝库美不美？

生：（齐答）美。

师：这双手是既丑又美。表面上丑，实质上美。（幻灯片放出：美玉出乎丑璞。）这句话是这个意思，我们每个人都应当有一种创造美的精神，从艰苦的劳动和奋斗中发现美，赢得美，享受美。

张迎善的手为什么会丑呢？

生：创造绿色宝库。

师：绿色宝库为什么能这样美呢？

生：是以张迎善的手丑为代价换来的。

（教师板书，见图 5-1。）

代价
（所感）

丑（所见） ————————→ 美（所闻）

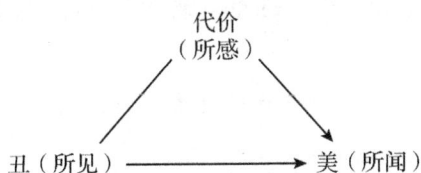

（粗、硬、老、干、厚、大、色深）（创建绿色宝库）

图 5-1　板书：美以丑为代价

师：这个代价很重要。我们做任何事情，不付出代价，就不能获得成功。请大家想一想，在我们周围，社会上、学校里、家庭中，或者报纸上、影视中、书刊上，看到的人和事，还有没有能说明"美以丑为代价"这个道理的？

（学生思考，先后举手。）

师：我建议每个同学都要举出一些人和事，至少要举一个例子。讲自己爸爸妈妈也可以。

还有几个同学没想到，再等一等……还有两个……还有一个，再等一等。因为每个同学都可能也应该举出例子。好，先请××说。

生：环卫所的工人成年累月工作，手上经常沾粪污。

师：这例子说的是什么道理？

生：美是以丑为代价的。

师：他的表述很好，不要再重复。

生：教师整天与粉笔灰打交道，一心扑在教育上，扑在学生身上，他们虽然手上是脏的，工作又很辛苦，但正是用这个代价，教育了后代。

师：你爸爸是干什么的？

生：是教师。

师：怪不得你举教师的例子，原来是歌颂你爸爸的。（众笑）当然，还可以包括歌颂我本人。（众笑）我今天来上课前把手洗了两遍，改作业时沾上的红墨水还没有洗干净，还有两三个斑点洗不掉。你们看看。（把手伸给前排学生看，众大笑。）你嫌不嫌爸爸的手脏？

生：不嫌。因为他是我爸爸。（众笑）

师：只要是无私奉献的人的手，我们都不应该嫌，对不对？还有谁说？

生：（抢答）我认为，世上一切劳动者，都是用自己丑手为代价的劳动来换取美的成果的。

师：我看也不一定。比如，绣花姑娘的手很美，不照样换来美吗？这怎么理解？

生：我认为不能仅仅从手表面的美丑来判断美丑，要从本质看我们是不是付出辛勤劳动，是否能创造物质和精神财富。

师：你讲得真深透，你的心不仅到了，而且"灵了"。还能举什么例子？

生：还有我妈妈。她是厂里刨床工，很辛苦，每天手上都沾了很多油污，手心里的每个角落都布满了老茧，但她用这双手为国家创造了财富。

师：你能不能举两个例子？

生：再比如石油工人。

师：你是怎么想到石油工人的？

生：我爸爸是石油工人。

师：怪不得你随口能举出这么多的例子。石油工人操作是什么样子？

生：满身泥浆、油污。

师：同学们举的例子不限于手，扩大到一切人和事。顺着这个思路，大家再举些例子。

生：中国运动员，为了国家的荣誉，在训练中经常摔打得身上青一块紫一块的。

师：你见过？

生：我是从一本报告文学上看到的。

师：好，同学们说的许多人的手，都是平凡的劳动者的手，我们每个人都有一双手。一双双普普通通的手，一双双以丑为代价换取美的手，在各自的岗位上，每天都在创造、奋斗、奉献。我们每个同学，也有一双手，更有一颗献身"四化"的爱国之心。我们要用自己的手去学习、工作、建设。我们要像张迎善那样，献出美的青春，去建设美的祖国，创造美的生活，开拓美的未来。

课文分析到这里结束。下面请同学们按照"阅读方法和习惯"中"读书摘记"知识短文的要求，完成"《一双手》读书摘记表"，同时完成"读一读""写一写"的练习。（幻灯显示）

读一读		写一写
嫩 nèn	瞬 shùn	垧 shǎng
琬 wǎn	茧 jiǎn	嘎 gā
缠 chán	呈 chéng	逞 chěng

肩镐（gǎo）：肩，这里是用肩扛（káng）的意思，动词；镐，刨土用的工具。

本能：人和动物不学就会的性能。

《一双手》课堂教学实录评论

（刘正伟，浙江大学教育学院副院长、教授，博士后）

《一双手》这堂课上得非常好，不但内涵丰富，而且充满了执教者的智慧，极具启发性。洪宗礼先生用这一堂课向我们充分展示了他作为一个"思维能力"的辛勤开发者所具有的独特魅力。同时，也为我们认识和了解他的这一语文教育思想与理念打开了一扇窗户。

这是一堂充满教育智慧的课，"扶读"的教学思想在这堂课中得到了淋漓尽致的体现。所谓扶读，用洪先生的话来说，就是在学生学习的某些阶段、某些环节上，通过点拨引导，给学生恰当、有效的扶持，为学生的独立思维与阅读引路。在这堂课中，教师的"扶"与学生的"读"得到了很好的结合。一方面，教师非常尊重学生的阅读主体地位，相信学生的阅读能力，将阅读的主动权交给他们，学生能读懂的地方，教师绝不越俎代庖；另一方面，教师又认识到，学生是不成熟的阅读主体，教师完全放手不管、听之任之，只会使学生漫无目的、走马观花似的泛泛而读，因此，教师始终是以一个引导者、掌舵者的身份发挥着自身的作用。或用"读书四到"方法进行阅读指导，或通过提问、质疑等方式引导学生看注释、读提示，常常在学生易于忽略的地方或疑难之处给予适时点拨，有的放矢地指导学生由表及里品读重点，感悟语文，激发学生独立思考问题、发现问题的能力，促使学生由消极的读者向积极的读者转变。整个过程犹如教婴儿走路一般，让其跟跟跄跄独立迈步，却又在其即将跌倒的关键时刻拉上一把，充分展现了教师"扶"的主导性。可见，洪宗礼先生所提倡的"扶读"，不同于手把手教地教读，也不同于完全放手地自读，而是扶与放的结合，先扶后放，扶扶放放，扶中有放，放中有扶。"放"中渗透着信任，"扶"中浸润着关爱，这一过程里既有教师"授之以渔"的方法传授，又有学生在教师帮助下的自主阅读及对阅读方法的自行摸索。学生就是在这样的"扶"与"放"的交织中，学会阅读，学会思考，提高阅读能力和语言感悟能力，并逐渐形成良好的阅读习惯。

师生平等对话、积极互动，是本堂课的一个亮点。在教学中，教师不是以一种权威解释者的姿态凌驾于学生之上，而是以平等对话者的身份与学生交流。尽管在年龄上，教师是长者，在角色上，教师是"传道授业解惑"者，但在教学对话中，教师犹如一位值得信任的老朋友，或者说是"平等中的首席"，既能认真倾听，又会适时地提出疑问，引出大家的思考与讨论。学生与之交流没有压迫感，没有约束感，教学的环境宽松而自由，学生的学习热情高涨，学习兴趣浓厚，个个都有说的欲望和表达的需求。每个人都积极思考，踊跃参与，无拘无束地敞开心扉，畅所欲言，尽情地阐述自己对文本的理解。而教师也参与其中，与学生相互交流各自对文本意义的理解，共同探讨文本的丰富内涵，在对话中实现彼此经验、思维的汇集、摩擦与协调，并使对话随着文本意义的诠释不断流动、推进。有人说，对话"是一种流淌于人们之间的意义之溪，并因此能够在群体中萌生新的理解和共识"。的确，师生间的对话让学生对文本的理解更深入，更透彻。这种理解既非强行灌输的，也非教师挖好"陷阱"后步步诱导出来的，而是学生在教师的智慧点拨下，通过细细咀嚼、体会、独立思考而获得的。它是学生在对话过程中与教师、同伴进行思维碰撞时所产生的最亮丽的一道火花。叶圣陶先生曾说过,教师不能"把一篇文章装进学生的脑子里去",而需要靠学生自己"动天君""用心力","去经受注意、思索、困惑、快感等心理过程,从而理解、把握事物的本质和语言规律,养成自己读书作文的兴趣和习惯"。无疑,师生间的对话与互动有效地激发了学生"动天君""用心力"的潜力与能量。对学生而言,这种对话与互动是充满快乐、令人兴奋的;对教师而言,它又恰恰是引导学生进行语言、思维训练的绝佳情境。因此,正是教师对教学对话的准确把握,以及对自我角色的正确、深刻认识,使得这堂课的教学变得乐趣无穷,丰富而灵动。

早年,洪宗礼先生曾提出过"渗透说"。他认为,中学语文教学是一个系统工程,其中存在着许多矛盾和错综复杂的因素,各因素相互渗透、组合而形成的合力大于各分解因素之和。故而,语文教学要最大限度地协调各因素之间的关系,发挥语文整体综合效应,把教与学,知识与能力,语文教学与开发智力,课内教学与课外活动,语文教学与社会生活及语文的终身学习能力培养等有机结合起来。《一双手》的教学也充分演绎了他的这一思想。洪宗礼先生的教学中,既有知识的传授,又有学法的指导;既有智力的促进,又有习惯的培养。在强调语文的工具性的同时,又注重人文性的熏陶,尤其是让学生联系生活实际来说明"美有时是以丑为代价的"这一环节,不仅使本课的思想道德教育突破了原有的框架,而且促使学生学会了从生活体验中去思索、领悟生命及一切事物美与丑的内涵,让学生的生活、生命融入了教育,也让教育介入了生活。可以说,这堂课始终着眼于学生整体语文素养的提高,真正实现了知识、能力、情意等要素的紧密结合,最大限度地发挥了语文的实用功能、发展功能与审美功能,让学生在潜移默化中获得了多方面的发展。

如果要选择两个词来概括这堂课的话,那么,就是"精彩"与"别致"。精彩,是源于其教学方法的巧妙运用。教师充分考虑到了学生的学情,深知学生成长于城市,难以理解和想象一双因劳动磨砺而变得极为独特的手,故而采用了生动、形象、直观的教学方法。例如,引导学生观察老松木,借实物进行类比来推出奇手的特征;叫学生量手掌、相互裹手来感受奇手之"大"；等等。这些让学生亲自体验、亲身参与的小活动、小环节，使整个课堂高潮迭起，气氛异常活跃，极大地调动了学生的学习兴趣，满足了他们的好奇心与求知欲，收到了很好的教学效果。而学生们也在参与的过程中，对文本中的那双奇手之"奇"有了更为深入的了解。别致，则源于这堂课设计的巧妙。不仅教学方法设计巧妙，而且教学环节紧凑，前后过渡及衔接自然、顺畅。在明确的教学目标的指导下，教学中的每一个环节、每一个问题都环环相扣，紧紧围绕着目标进行。同时，教师精心准备的问题也富有启发性和吸引力。例如，明明写一双手，作者为什么会列举出各种各样的手？这双手奇在哪里？"裹"字能不能换成"包"字？这些问题难度适中，或有悬念，能激起学生的探究欲望；或具启发性，能引起学生的思考。学生在这些问题的探寻过程中感悟、品析、体验，享受学习的快乐，获得求知的满足，自由、率真的天性得以充分展露。

从实录中，我们可以感受到洪先生循循善诱、平易近人的教学风格。他语言简练、幽默，点拨精当，要言不烦，在灵活多变的教学情境中应对从容，挥洒自如，对学生的评价开放而积极。学生从中受到鼓舞，增强了信心。其个人魅力如巨大的磁场时刻吸引着学生的注意力与兴趣，令学生沉浸在阅读、探索的喜悦中流连忘返。

雅斯贝尔斯说，教育，是人对人的主体间的灵肉交流活动，包括知识内容的传授、生命内涵的领悟、意志行为的规范，并通过文化传递的功能，将文化遗产教给年青一代，使他们自由地生成，并启动其自由天性。《一双手》的教学向我们展示的正是这样的一种教育。

附：江苏省教育厅电教馆"按语"

《一双手》选自《江苏省义务教育三年制初级中学语文试用课本》第一册。教者洪宗礼从教 31 年，是江苏省特级教师，有突出贡献的中青年专家，试用课本主编。

洪老师认为，教师是学生心理奥秘的探索者和发现者，又是学生"思维能力"的辛勤开发者。在《一双手》一课的教学中，他把握学生的生理和心理特点，遵循学生的认知规律，巧妙地运用设悬置疑、启迪联想、引入情境等方法，让学生始终有新鲜感、新奇感、追求感，乐思、勤思、善思，在积极思考的王国里遨游。这堂课较好地体现了教者"学思同步"的教育思想和朴实、灵活、求真的教学风格。

教者发挥试用课本"单元合成、整体训练"的特色，授以眼到、口到、手到、心到的学法，培养读书摘记的习惯，取得了较好的综合语文教学效应。

（二）《你看他（她）像谁——为本班一位同学画像》课堂教学实录及专家评点

教材：自编语文试验课本第三册。

教者：洪宗礼。

班级：江苏省泰州中学八年级(4)班。

时间：1988 年 9 月 23 日。

师：上课！

生：起立！

师：请坐下。同学们，本次写作训练我们要写一个人。写谁？（停顿，微笑）要写的人应在你们当中。

生：（悄悄议论）是谁呀？

师：可能是你，也可能是他(她)。

生：（议论纷纷）会是谁？究竟是谁？

师：（板书作文题）

"人物速写"

《你看他(她)像谁——为本班一位同学画像》

写谁？清楚了吧。你们每个人既是写作者，要写本班的一位同学；又有可能成为其他同学的写作对象，有同学要写你。

生：（笑）哦，原来是这样。

师：（用红色粉笔在题目上画了个大问号）什么意思？

生：（思考片刻）不要说出写的是谁，读了作文后，闭眼一想，就知道写的是谁。

师：真聪明，你看出了这个问号要表达的意思，很好。题目有个副标题，规定要为本班的一位同学"画像"。"画像"是什么意思？

生：要写这位同学长得什么模样。

生：要写这位同学个性有什么特点。

生：要写这位同学和其他同学不相同的地方。

生：写谁就要像谁。

生：读了作文就好像见到了这位同学。

生：不但写形，还要写神。

师：说得都很好，用什么方法来"画像"呢？这篇作文要求用"人物速写"的方法。什么是"人物速写"？（边说边板书）"人物速写"是用简练的笔法，寥寥几笔就把人物的主要特征迅速勾画出来。请大家一起来讨论，人物速写有哪几个要领。

生：写出人物的主要特征。

生：笔法简练。

生：表达迅速。

师：说得太好了，我们进一步想想，怎样才能达到这些要求呢？绘画常用速写，大家不妨联系画画来想一想。

生：首先要仔细观察，要看清人物有哪些特征。

师：观察从哪儿开始？

生：从人物的外形开始。

师：为什么？

生：认识一个人，首先接触的是他的外形。课文《一面》写鲁迅先生，就是从他的外形开始的，先后集中描写了三次，一次比一次写得细。

师：有道理。俄国作家果戈理说："外形是理解人的钥匙。"观察人物的外形应放在首位。除了外形，还要观察什么？

生：人物的动作、姿容、神态也要观察。

师：为什么？

生：人物的动作、姿容、神态是他内心世界的自然流露。

师：对。作家杨朔说过："看见一个人的外态容易，看见一个人内心却是非常困难的；看不见一个人的内心，我们就永远不能认识这个人。"所以必须进一步观察人物的内心。怎样从外形观察走进人物的内心世界呢？

生：注意力要高度集中。

生：要有一双"鹰眼"。

师：什么意思？

生：鹰的目光敏锐，看得快，看得清，看得准。

师：你这个比喻很好。你用"目光"这个词特别好。我就用你的意思把观察力称为"目力"。大家懂得了观察是"人物速写"的第一步（边说边板书）。这第一步就是要用"目力"——敏锐的观察力。就是要以敏锐的目光捕捉人物的外貌、服饰、举止、神态等方面的主要特征。观察还有什么要求？

生：要用心思考。

师：为什么？

生：因为老师刚才讲了作家杨朔的话，要我们走进人物内心，这就需要思考。

师：说得太好了！那思考什么，请说得具体点。

生：要思考哪些必须写，哪些不需要写；哪里详写，哪里略写。也就是对观察的内容要做筛选。

师：怎么筛选呢？

生：要选择表现人物主要特征的内容。

师：什么是人物的主要特征？

生：只有这个人物才有的特征。

生：与其他人相比，明显不同的特征。

生：能够反映人物内心的特征。

师：说得都很好，谁能举例说说？

生：课文《一面》突出地写了鲁迅先生的"瘦"。这个"瘦"，就是鲁迅先生外貌的一个主要特征。作者通过它表现了鲁迅先生顽强的意志力和坚忍的革命精神。

师：这个例子说明：只有对观察到的一切做分析、思考，才能抓准最能表现人物外形、姿容的主要特征，所写的才能表达其蕴含的思想内容。完成了这个思考过程，我们就称作"心力"，也就是深刻的思考力（板书）。这就需要由表及里分析人物的本质特征，把握人物思想感情变化及个性特征。我请大家再思考一个问题：要把观察结果迅速、准确、生动地表达出来，靠什么？

生：（七嘴八舌）靠描写，靠语言，靠书面表达……

师：谁能把大家的意见集中起来？

生：用两个字表达吧："笔力"。也就是语言的表达能力。

师：你概括得真好，高水平！那么，"笔力"又怎么看出来？

生：简练。

生：用词准确。

生：写得迅速。

师：要有"笔力"，最重要的是什么？

生：要用自己的话来表达，说得明白、清楚。

生：语言还要简洁。

生：还要迅速。

生：我认为最主要的是准确。

师：大家的意见都很好。"笔力"——描写人物特征的表达力（板书）。即用简练的笔法和准确、形象、生动的语言迅速勾勒人物形象。通过讨论，我们可以把"人物速写"的基本方法概括为"三力"：目力、心力、笔力。

下面我们做一次速写练习，看看大家的"三力"怎么样，好不好？

生：（齐答）好！

师：大家推荐一位同学上讲台讲个三四分钟的小故事，大家耳听、眼看、心想、手记。要把讲故事的同学的外形、姿态、动作"速写"下来。

比一比，看谁写得快，写得好。你们推荐谁？

生：（不约而同）戴——荔！

师：为什么推荐她？因为她是班长？

生：她是我们班的"白雪公主"，很会讲故事。

师：好，那就请"白雪公主"上讲坛。（戴荔同学在掌声中走上讲台，用 2 分钟时间，讲了她童年的一件趣事。主要内容是：她养了一只小猫，她很宠爱它，常常抱着小猫和它谈话。小猫调皮，干扰她的学习，她想了个办法狠狠惩罚了小猫。从此，小猫躲避她。她很懊悔，表示以后要善待小动物。在叙述中，戴荔富有表情，语气不断变化，根据所讲内容还以姿势辅助说话，做了些动作。同学们听得入神，并不停地在纸上做些记录。）

师：下面，请大家进行速写，题目自拟。

（同学们纷纷写起来。教者在行间巡视，个别指点。同学们完成"速写"后，教者引导交流。）

师：谁来宣读自己的"速写"？

（很多同学举手，教者请一名同学诵读自己的"速写"。）

李勤：

"白雪公主"讲故事

她姗姗地走上讲台，转身面朝大家盈盈一笑。她中等的身材，上着蓝色上装，下穿褐色花纹裤，显得温文尔雅。只见她大方地看了一下大家，然后张开小嘴，有声有色地向大家讲述着她儿时的一件关于养猫的可笑又可爱的事情。她微笑着，语气是那样轻松愉快，两手交叉放在胸前，好像正抱着舅舅送给她的小猫，还跟它谈话。

讲着讲着，一片愁云爬上了她的脸庞。她皱着眉头，说话的语调也变低沉了，忽然转了几下眼珠，"嗯"了一声，原来她找到处置顽皮小猫的办法了。她故意地轻轻"哼"了一声，好像干了一件什么了不起的事。当讲到舅舅教育她不要惩罚小动物时，她双手背在身后，拖长了音调，面容变得又严肃又可爱。一位"小大人"的形象出现在我们眼前。当她说到可爱的小猫被她无意弄呆了时，她又难过又懊悔。手轻轻地按在胸前，一脸哭相。当她总结教训时，态度又是那样诚恳认真。她讲得绘声绘色，表演得惟妙惟肖。正当我们听得入神时，她做了个"谢谢"的姿势，仍然温文尔雅地盈盈一笑，走下讲台。（此稿当堂收交，教师未做修改。）

师：李勤写得怎么样，大家评一评。

生：写戴荔的外形特征很准确。

生：戴荔讲故事时的动作、表情、语气的每一次变化都写出来了。她的观察很细致，"目力"不错。

生："温文尔雅"这个词用得好。戴荔平时给我们的印象就是这个样子，这是她的个性特点。

生：开头写"盈盈一笑"，结尾又是"盈盈一笑，走下讲台"，把戴荔写得温和可亲。李勤动了脑筋，可见她写作时用了"心力"。这样写又使文章首尾呼应。

生：语言比较简洁，也生动。就是某些句子还有些毛病。

师：哦，请具体说说。

生：有一句"可笑又可爱的事"，"可笑的事"没问题，"可爱的事"说不通，应该改成"有趣的事"。

师：还有吗？

生："一脸哭相"，这个说法不好。

师：你帮她改改。

生：（思考）一脸……一脸沮丧。

师：李勤同学说说，这样改，好不好？

李勤：好。

师：看来比老师一人评改得好。（众笑）

总的来说，李勤仔细观察人物，用心思考，抓住了人物的主要特征，简练、迅速地表达，有一定的"笔力"，"速写"的要求基本达到了。应当说，李勤的"速写"是成功的，大家说是不是？

生：（齐答）是的。

师：同学们，通过刚才的活动，我们试了试笔，现在，对于运用"三力""速写"人物，大家有把握吗？

生：（齐答）有。

师：那好，下面我们大家都来动笔写《你看他(她)像谁——为本班一位同学画像》这篇"人物速写"。写戴荔讲故事，属于现场"人物速写"，被写的人物是指定的。写《你看他(她)像谁——为本班一位同学画像》中的哪位同学，由作者选定。人物所处的时间、空间，也由作者安排。大家可以选自己最熟悉、最了解的同学来写，写的内容必须真实。请大家动笔吧。

（近20分钟，同学们或是低头沉思，或是挥笔书写，间或有同学站起来向他的写作对象看看。教者在行间巡视，时而驻足某一同学身边跟他轻声交谈，时而来到举手的同学面前，解疑答难。对班级中写作水平好、中、一般的学生，教者有选择地查看。）

师：大部分同学不到20分钟就完成了作文。现在交流习作，进行集体评议。

（同学们纷纷举手，要求评议作文。）

师：举手的真多。姚逊同学，请读读你的作文。

姚逊：

你看他(她)像谁

——为本班一位同学画像

他见人总是笑。可这么一笑，就显得不太体面了，哦，原来他的一颗门牙掉了。

（课堂里听到同学窃窃的笑声。由于掉牙这个特征在全班同学中是唯一的，同学们一下子就知道写的是谁。）

他的眼睛大而明亮，好一对虎眼。大概是由于爱笑，他的嘴边常常浮起两个浅浅的酒窝。他的皮肤很白，是全班出了名的。

他个子偏高，是校运动员，因此经常穿运动服。他体育好，学习更好，特别是在课堂上并没有因为缺颗门牙不敢发言，相反，他总是争着回答老师的提问。（众笑）你看，他举手要求发言时总是把右手使劲向前伸，直冲着老师。为了增加高度，引起注意，屁股总要离开板凳。（众笑）啊，老师终于点到他了。这下，他松了口气，但他并不是一下子站起来，反而是先坐稳，然后才缓缓地站起来，两手往身后一背，交叉着，摆一下身体，晃一下脑袋，便高谈阔论起来。他的发言很有感情色彩，既像古人吟诗，又像演员道白，半土半洋的话语常常引得同学们哈哈大笑，他自己有时也禁不住跟着大家一起笑起来。哎呀，不好，这一来又露出那缺颗门牙的一排牙齿……（原文，教者未做修改。）

（一片笑声结束了姚逊同学的朗读。）

生：（热烈议论）写得好，写得精彩，写得逼真。

生：真像。

生：把李响的特点都写出来了。

李响：（霍地站起来，满脸通红）我抗议：他不应写……写……我的牙齿。侮辱人。（风波陡起，满座愕然，教室里气氛突然紧张起来。）

李响：不行，反正你不应该写我的牙齿。

（姚逊、李响两人同桌，一时间争执激烈，并推搡起来。课堂上气氛紧张。教者冷静以对，稍做思考后，走到姚逊、李响的桌旁。）

师：（面带微笑，语气和缓）别急，别争，请你们先坐下。我想听听其他同学的意见。

生：几次写别人缺颗门牙，确实不好，有损同学的形象。

生：不对，作者没有这个意思。

生：缺颗门牙的描写应删去，删去就是好文章。

生：不能删，好就好在这个特征的描写。

师：哦，大家也是两种看法。听你们争论时，我想到两个人物。一个是《三国演义》中的张飞，罗贯中是这样写他的外形的："身材高大，豹头环眼"。这"豹头环眼"美不美？

生：在电视节目《动物世界》里，我见过豹，豹的头小而圆，并不美。

生："环眼"，又大又圆，一发火，铜铃似的，样子有点吓人。

师：可这"豹头环眼"四个字用在张飞身上，好一副威风凛凛、英武凶猛的样子，就是美，一种粗犷的美。还有一个人物，大家很熟悉，就是课文《一面》中的鲁迅先生。请大家说说课文里是怎样描写他的外形的？

生：黄里带黑的脸。

生：竹枝似的手指。

生：胡须很扎眼，好像浓墨写的隶体"一"字。

师：能不能说，这也不美？

生：不能！

师：那美在哪儿呢？

生：美在这些细节描写突出了鲁迅先生顽强的性格和忘我的精神。

师：是的，大病初愈的鲁迅先生给人斗志顽强的美感。

我们再看看姚逊同学作文中的人物，外形有哪些特征。

生：缺颗门牙。

生：一对虎眼。

生：两个酒窝。

生：白白的皮肤。

师：在我看来，缺颗门牙表现在一个少年身上，也有一种特殊的美感。有一个词可以将这种美感表达出来，谁知道这个词？

生：幼稚。

师：讲对了一个字，不是"幼稚"，是"稚气"，就是"孩子气"。稚气未脱的童真美，谁不喜爱？我就挺喜爱有孩子气的学生。再想想，缺牙，虎眼，酒窝，白皮肤，高高的个儿，穿着运动服，这些特征联系在一起，给人一种什么印象？

生：活泼可爱。

生：朝气蓬勃。

师：姚逊观察人物，"目力"怎样？

生：敏锐。他抓住了人物的主要特征。

生：细致。人物的模样、身材、服饰都写到了，而且准确。

师：形象是惹人喜爱的。人物的个性特征，作文又是通过哪些细节来刻画的呢？

生：他举手发言，为了引起注意，增加高度，屁股总是离开板凳。这个细节，表现了他争强好胜的个性。

生：老师点到他，他并不是一下子站起来，反而是先坐稳，然后站起来。这个细节写出了他当时得意的神情。

生：发言时，两手一背，摆身体，晃脑袋，显示了人物聪明而又调皮的一面。

生：说话半土半洋，引得同学们哈哈大笑。李响平时就是这样幽默风趣。

师：细致的观察，生动的描写，画出了一个活泼可爱的阳光少年的形象。从这些描写中，我们可以感觉到作者对他所写的人物有着什么样的感情？

生：喜爱。

生：赞赏。

师：这样说来，我倒要为姚逊同学鸣不平了，李响同学有没有真正弄清姚逊同学的写作意图？李响，能不能说说你现在的看法？

李响：（不好意思）要写就写呗。（众笑）

师：在我看，"缺颗门牙"，为李响的形象带来了独特的"光彩"。（众笑）大家说，是不是？

生：（齐答）是！

师：姚逊同学，我要问你，"缺颗门牙"的细节在你的作文里出现了几次？

姚逊：三次。

师：为什么要写三次？有的同学对多次写这个细节有看法。

生：《一面》中写鲁迅先生的外形写了三次，我也想学一学。用它开头，能吸引人；中间出现，加强一下。

师：是"强化"一下。

生：用它结尾，能与开头呼应。

师：看来，这个细节不仅成为人物外形的鲜明特征，使读者获得深刻的印象，而且它成为贯穿全文的线索，使文章成为一个整体。你学得好，"笔力"不错呀！好了，到现在，李响和姚逊之间的争议应当说解决了。怎么样？你们表个态，好不好？

（李响主动伸出手和姚逊紧握，课堂内响起热烈的掌声。）

师：祝贺李响、姚逊两位同学在写作中加深了友谊，更祝贺大家写作和评论成功。我想这次写作是不平凡的一次写作，你们一定会有很多感受，可不可以简单说说？

生：我先说。李响是我最好的朋友，我对他太熟悉了。他的外形，他上课举手发言的样子，我观察过无数次，觉得很特别，很有个性。老师说写人要用"心力"思考。写之前，我想了想：重点写什么？写他有特点的外形和活泼的个性吧，这样就把平时观察到的东西用上了。写时还学习运用了《一面》中的一点写作方法。这就是我的感受。

师：讲得很好。平时留心观察同学，积累了不少素材；写时用心思考，抓住人物外形和个性的主要特征刻画人物的形象；学习运用课文中的写作方法，提高了文章的表现力，这也是姚逊同学这篇"人物速写"成功的原因。相信大家常常训练目力、心力、笔力，就一定会不断提高写作水平。

师：（布置课后作业）我设计了一份《"人物速写"评价表》（发给每人一份，具体内容见表 5-1），请大家运用评价表先对自己的作文进行评价，然后与同桌同学交换阅读作文，互相评价。下课。

《你看他（她）像谁——为本班一位同学画像》公开课

附：

板书提纲

人物速写

他
你看　　像谁？
她
——为本班一位同学画像

人物速写 ⎧ 目力——敏锐的观察力
　　　　 ⎨ 心力——深刻的思考力
　　　　 ⎩ 笔力——运用简练的语言迅速描写人物的表达力

表 5-1　"人物速写"评价表

评价方式	作者姓名	写作对象	评价（可用"√"表示，适当加以文字说明）								
			目力			心力			笔力		
			上	中	下	上	中	下	上	中	下
集体评											
自评											
互评											

"人物速写"教学简案

1. 教学要求

(1)训练"人物速写"能力，锻炼学生的眼力、心力和笔力。

(2)改革作文课堂教学结构，进行"三程"(引写程、训练程、评价程)单元整体作文教学。

2. 教学时数

4 课时。

3. 教学过程

(1)第一课时、第二课时。

①引写程。

例文引写。

A. 指导学生独立研读例文片段：课文《一面》中鲁迅外貌的三次描写；《草地晚餐》中朱总司令的语言、动作描写；乡土教材《卖柿子的姑娘》中农家姑娘的神态、心理描写。

B. 教师提出人物速写的"三力"(目力、心力、笔力)要求。

C. 观察引写：列表引导学生观察、描写人物。

②训练程。

A. 命题：你看他(她)像谁——为本班一位同学画像。

B. 要求。

a. 完成作文后简要说明"写作意图"。

b. 把作文读给同学听，看是否知道写的是谁。

C. 学生作文。

(2)第三课时、第四课时。

评价程。

①集体评价。

A. 教师说明集体评价的标准、要求和方法。

B. 几名同学分别朗读自己的作文，并介绍写作意图。

C. 全班同学边听边填写"'人物速写'评价表"，做出评价。

D. 交流评价结果，通过讨论，总结写作经验和教训；评定优劣，分析原因。

②自我评价(按照集体评价的标准，各人填表评价自己的作文)。要求：客观、准确；总结优、缺点并分析原因。

③互相评价(把作文交被写同学或同座位同学评价，然后交换意见，各人修改自己的作文)。

④巩固、提高性练习："人物速写"比赛。

A. 提出要求：听、看、记、想、写。

B. 设置情境：一位同学做两三分钟的"自我介绍"(讲述童年时代的一段经历)。

C. 学生作文：要求在 25 分钟内速写一个人物。

D. 抽读作文，并做简要分析。

⑤布置课外作文。

(王铁源　整理)

一堂充满教育睿智和爱的课

——《你看他(她)像谁——为本班一位同学画像》课堂教学评点

(韩雪屏，全国高等师范院校教材教法研究会学术委员会副主任，包头师范学院教授)

这是一堂充满教育睿智和教育爱的课。

首先，教师提出了明确的教学目标——在"人物速写"练习中，锻炼学生的观察力、思考力和表达力；把作文训练与形象思维训练结合起来。洪宗礼老师早在 20 世纪 80 年代就已经出版了多种关于写作教学的著述。在《中学语文教学之路》一书中，他已指出："写生"原是绘画艺术中的一个术语，这里借指中学生练习作文的一种方法。让学生做写生练习，主要是为了练"目力"和"笔力"。练好这两项基本功，不仅对写作，而且对将来观察、分析社会，客观而深刻地反映社会都有用。在这一堂课中，"写生"具体化为"人物速写"，并在"目力"和"笔力"两项基本功之外，又增加了一项"心力"。不论实物写生还是人物速写，都首先要求在学生头脑中呈现出"表象"。从心理学角度看，表象是对事物或人物的物理特征做出连续保留的一种知识形式，是人们在记忆中呈现视觉信息和空间信息，保存情境与形象的一种重要方式。因此，可以说，表象是形象思维的基底细胞，是文学形象描写的基本单位。表象形成的心理机制是观察，是经由人们的感官，形成对事物的视觉表象、听觉表象、嗅觉表象、味觉表象或触觉表象。种种单一表象可以形成一个复合表象或整体形象。表象形成的过程，一般遵循着"整体感知—细节分解—综合概括"这种规律。在这堂课中，教师引导学生启动感官观察，总结出"目力"和"心力"的过程，正是追求在学生头脑中呈现表象、保存情境和形象的过程。

其次，这堂课充分演绎了洪宗礼的"引写"教学思想。"引写"指的是教师引导学生通过反复的写作实践，逐步养成他们自主作文的能力和习惯。"引写"与"引读"一起构成的"双引"教学法，成为洪宗礼先生语文教育思想的重要组成部分。在这堂课里，我们可以清晰地看出他的"知识引写""导源引写""例文引写""情境引写"等主张的具体实施。还应指出的是，这个引写过程突出了从知识领会到知识应用的教学基本规律。教师引导学生一步一步地从具体观察的感性经验上升到"三力"的理性认识上，这是一个由具体到抽象、由个别到一般的认识过程。在得出有关"人物速写"的理性知识以后，教师又及时地引导学生把所得知识应用到解决同类课题的任务中，具体观察和描写一位同学。这是由抽象到具体、由理性到感性的过程。从逻辑上说，领会知识靠的是归纳，应用知识靠的是演绎。就这样，学生在这堂课里，不知不觉地经过了如此深沉而灵活的思维过程，经历了如此具体生动的智力劳动生活！

更应该强调的是，这堂课中教师用来引写的知识，完全是依靠学生已有的知识与经验，由师生共同建构起来的，完全不是由教师单方面把课前已经准备好的知识项目讲给学生听记的。"什么是人物速写?"这是概念的界定。"人物速写有哪几个要领?"这是规则的提取。"人物速写的基本方法概括为'三力'"，这是应用规则的前提。从概念界定到规则提取，再到应用规则，层层递进，有理有序。在完全没有什么负担的情况下，学生学得了新知识，历练了新技能。这种情况再一次向我们说明了：在母语环境中学习母语课程、养成母语能力，是具有一定的"半自然"性能的；学生是具有学习母语知识，提升母语能力的"自力"的。语文教师应当和能够做的无非是在新的情境中教给学生一套新的思维方式和新的语言表达方式。

综上所述，这堂课教学目标的确定和达成，教学过程的组织和程序设计，都浸透着教师对教学理论，对母语课程教学特性的理性思考，积淀着教师厚重而灵动的教育睿智。

在教学现场听这堂课，或者在阅读这一课堂的教学实录的过程中，我们都不难感受到洪宗礼与他的学生娓娓对话的情境。师生之间有问有答，顺序而下，毫不勉强；自然而然，有说有笑，毫无做作；学生或读或写，或表演或评论，自由自在，如话家常，毫无拘束。对话过程犹如一条活泼的河流，时而潺潺流淌，时而奔腾跳跃。洪宗礼驾驭教学对话过程的娴熟与干练，确非一般教师所能比拟。这让我们进一步理解了教育本身就是一个人际交往系统。在课堂这个时间与空间都受到相当限制的环境中，这种交往就更加显示出它的对话特色与本质。但是，这种教学对话又有别于日常生活中的闲聊，因为这个对话过程是一个运载着"意义"的溪流。它具有明确的流淌方向，运载着丰富的意义信息，传递着师生之间、生生之间的情感与态度。这个流动着的"意义溪流"的源头就在于教师对学生的巨大信任与热爱。他相信学生具有学习语文知识和历练言语技能的"自力"。他把教师的提问毫不犹豫地建立在学生已有的知识和经验基础上，相信自己能够开启学生已有库存的大门，激活学生已有的知识和经验。他善于用睿智的目光，去发现学生们一丝一毫的表达欲望，用教育爱心去保护学生一闪一烁的思考，点亮他们一星一点的思维火花，即使对那些一时"启而不发""调而不动"的学生，也耐心等待。"等他60秒"，这是教学的艺术，更是对学生思维积极性的信任，对学生自尊心和成功欲望的保护。在60次"嘀嗒"声中，学生思维的火花最终会燃烧成绚丽的彩霞。这种信任和关爱，是洪宗礼课堂教学对话得以绵延不断、畅通无阻、富有活力和智趣的真正泉源！

尤其是当课堂上发生突发事件的当口，教师对学生的信任与热爱就更具有化解矛盾、协调关系的重要作用。我们可以从课堂上洪老师处理李响与姚逊的矛盾中清楚地看到这一点。但是，人们总是愿意用"有教育机智"一语来评价能够有效处理课堂突发事件的教师，认为他们具有一种难以言传的教育才能，并把这种才能归为一种特殊才能。这样，"教育机智"就被涂上一层神秘的色彩，被玄化了。固然，从处理事件的迅速、机敏等方面来说，教育机智确实不失为一种灵活多变的才智。但是，从洪老师和学生的对话中，我们看得出他对皮肤白净、长着酒窝、身材颀长但缺颗门牙的稚气阳光少年李响的真爱；更体会得到他对善用"三力"速写人物的姚逊的信任，信任他对朋友绝无嘲笑挖苦之心，赞赏他对朋友的诚挚和友善。通过这个事件，我们能透视出机智才干的背后仍然是教师对学生的了解、信任和珍爱。爱，才是教育机智的真正归因，它杜绝一切对学生的斥责、辱骂和惩罚，它与灌输、说教、训诫也毫无缘分。而博大无私的爱，正是每一个为师者应该追求和可能追求到的崇高境界！

　　基于此，我们又说这是一堂洋溢着爱的课堂。它告诉我们：师生只有在崇高的爱的联系中才能有效地展开知能、才智与观念的教与学。

三、"双引"教学案例选评

（一）引读案例选评

热爱是最好的老师
——激趣法

课文题目：《谈骨气》。

引读重点：培养学生自读的兴趣，调动学生自读的积极性。

案例意图：自读，是在教师引导下，学生自己去读。它应当成为学生的"乐事"，而非"苦差"。爱因斯坦说："热爱是最好的老师。""好之""乐之"，方能主动读之，潜心攻之。本教例旨在诱发学生自读的兴趣，调动学生自读的积极性。这是引读的一个重要前提和基本原则。表 5-2 是第一课时的教例。

表 5-2　《谈骨气》引读案例

教　例	简　评
第一课时 　**师**：同学们，我今天向大家推荐一篇好文章《谈骨气》(板书课题、作者，简介作者。) 　**师**：同学们已经预习了，从题目和内容看这篇文章是什么文体？ 　**生**：(齐答)议论文。 　**师**：你们是怎么知道的呢？ 　**生**：题目上有个"谈"字。 　**生**：文章是谈作者对骨气的看法。 　**生**：这篇文章是摆事实、讲道理的。	从"推荐""好文章"入课，引发学生的好奇心，触发他们主动阅读的兴致。
师：大家说得很好。你们在小学里读的议论文很少，可是今天大家通过预习，很快能讲出议论文的一些特点，可见同学们是很会动脑筋的，也可见议论文与记叙文的区别是明显的。是的，题目上有"谈""说""论"之类的词，一般是议论文章的标志。可也不是说，议论文一定要有这类标志性词语，比如，上一课学的《纪念白求恩》就是这样。 　　所以，是不是议论文，光看有没有标志性词语是不够的，主要应当弄清议论文的性质、特点。那么，什么是议论文呢？请大家看知识短文。	恰到好处的预习指导，也可以引起学生探求知识的兴趣。
生：(翻看知识短文《记叙、说明、议论》后)举出理由、根据，表明自己对人对事的看法、意见、态度，这就是平常说的发议论。写成文章，就是议论文。 　**师**：议论，在我们的生活中运用得很广泛。平时，班级里出现了好人好事或不良现象，往往要议论；在学习重要文件时，对某个问题要谈谈自己的认识；家庭成员对某一件事有分歧，各人要讲讲自己的理由，说说自己的看法。可见，议论是一种很重要的能力，我们大家要认真地学习议论文，培养和提高议论的能力。 　　为了帮助同学们自己学懂《谈骨气》这篇议论文，我先给大家介绍一则"顺口溜"。 　　　议论文学习难不难？ 　　　掌握钥匙能过关。 　　　论点、论据加论证， 　　　厘清"要素"一、二、三。 　　具体地说，这些"要素"是：作者对议论的问题所持的看法和主张——论点(板书)；作者用来证明观点的理由和根据——	初学议论文，学生不免感到"难"。教师讲一点议论文的具体、精要、通俗的知识，对学生克服畏难情绪，提高兴趣应有裨益。在明确学习目的的基础上培养起来的兴趣，往往比较持久、稳定。

教　　例	简　　评
论据(板书);作者用论据来证明论点的推理过程和方法——论证(板书)。常用的论证方法就是刚才同学们讲的摆事实、讲道理的方法(板书)。 　　现在请同学们根据上面提出的议论文的特点,仔细阅读课文。阅读时注意以下要求: 　　(1)自己查字典,给预习中画出的字词注音释义。 　　(2)进一步思考不理解的词句(同桌同学可以互相议论),解决不了的可以随时发问。 　　(3)划分课文段落,概括段意,找出中心论点和主要论据。中心论点用"﹏﹏"标出,主要论据用"～～"标出。	教师有目的地指点自读自研的路径,让学生眼到、口到、手到、心到,他们自然会产生兴趣。
(学生按要求自读。教师巡视,做个别指导。20分钟后,教师重点讲解"大丈夫""淫""禄""汗青""嗟""施舍"等词,并引导学生讨论"富贵不能淫,贫贱不能移,威武不能屈""人生自古谁无死,留取丹心照汗青"等句的深刻含义,然后引领学生反复吟诵这些句子。)	自由讨论,各抒己见,集思广益,有助于发展学生的创造性思维,产生独创的快感。
师:现在请两位同学把自己的分段情况和概括的中心论点抄在黑板上。 　　[甲生板书: 第一段(第1节):我们中国人是有骨气的。 第二段(第2~4节):什么叫有骨气。 第三段(第5~9节):用事实说明我们中国人是有骨气的。 第四段(第10节):指出无产阶级要有自己的骨气。 中心论点:谈骨气。 乙生板书: 第一段(第1~4节):提出问题。 第二段(第5~9节):摆事实,讲道理,分析问题。 第三段(第10节):总结全文,解决问题。 中心论点:我们中国人是有骨气的。] 　　师:两位同学不仅认真读书分了段,而且能用自己的话写出段落大意和中心论点,说明学得主动,学得深入。 　　[引导讨论,教师归纳段意: 　一、(第1~4节):提出"我们中国人是有骨气的"论点。 　二、(第5~9节):列举事例论证"我们中国人是有骨气的"。 　三、(第10节):总结全文,并提出无产阶级有自己的骨气。]	阅读取得了效果,又得到了老师的肯定,学生必定兴趣盎然。

教　　　例	简　　评
师：这样把文章内容和论证方法结合起来划段概括，比较完整。第一节可以单独成段，但把第1～4节并起来更好些，因为这一段不仅提出了论点（第1节），而且阐述了论点的含义（第2～4节）。分段既要注意各段意义上的独立性，还要注意各节之间的内在联系。 　　同学们普遍认为中心论点是文章开头的一句话，这是正确的。一般的议论文，或者是用题目揭示论点，如《纪念白求恩》；或者是在开头第一段、第二段中直接提出中心论点。当然，文章提出中心论点，方式可以不同，有的在段首，有的可能在段中，也有的可能在段末。掌握这个规律，我们可以更快地找出文章的中心论点。 　　（学生修改段落提纲。） 　　**师**：今天这一节课就学到这里。课后请大家再把课文认真读几遍，想一想为什么说这篇文章写得好，好在哪些地方。下一课我们还要讨论"思考和练习二"。希望大家做好准备，写一个简要的发言提纲，看哪些同学的看法正确，理由说得充足、有力。 　　现在，我们先重点研讨一下，为什么说这篇文章写得好，它好在哪里。请大家各抒己见，看谁准备得充分，谁说得准确，说得清楚。发表意见要运用课本上的语言。 　　**生**：题目定得好。 　　**师**：好在哪里？ 　　**生**："谈骨气"，只三个字，就讲清了议论的对象，也表明了文章的体裁。 　　**生**：醒目突出，简明扼要。 　　**师**：是的，好题目总是一下子就接触中心，叫读者一看就忘不掉。 　　**师**：还有什么好呢？ 　　**生**：论点明确。 　　**生**：不，叫论点鲜明。 　　**师**：什么叫鲜明？	设悬置疑，学生自读，追求骨气感油然而生。 "还"把讨论引向深处，学生会有探究的兴趣。 "入境始与亲"，学生入了境，便与作者的感情接近，兴趣也就激发起来了。

续表

教　　例	简　　评
生：鲜明就是不含糊，肯定什么，否定什么，赞成什么，反对什么，明明白白。 **师**：这篇文章肯定了什么？ **生**："我们（拉长读音）中国人是有骨气的。" **师**：大家注意，刚才这位同学把"我们"这个词读得又重又长，表现出什么感情？ **生**：骄傲。 **生**：不对，是自豪。 **师**：说得真好。这种自豪感正是作者要表达的感情，就是强烈的爱国主义感情和民族自豪感。同学们能体会出作者的感情，很好！ **生**：我认为观点鲜明还有另外的意思。 **师**：什么意思？ **生**：观点鲜明还要求把观点的意思讲清楚。 **师**：说准确点，就是阐述清楚。作者是怎样阐述论点的？ **生**：第2节引用孟子的话来阐述骨气的含义。 **师**：怎样用孟子的话来阐述呢？ **生**：先引用孟子的话，再对孟子的话做解释，最后作者对骨气的含义进行概括。 （教师对第3节"有骨气是我们民族的优良传统"，第4节不同社会、不同阶级骨气的不同含义做扼要分析。） **师**：这篇文章，除了题目醒目、观点鲜明外，还有什么好的地方？ **生**：举了不少例子，有说服力。 **师**：举了例子，文章就一定有说服力吗？ **生**：例子要举得好。 **师**：什么例子举得好？ **生**：文天祥的例子感动人。 **师**：什么地方感动了你？ **生**：（简述文天祥的事迹，诵读文天祥的诗句）"人生自古谁无死，留取丹心照汗青。"	层层追问，让学生通过思索，一步步发现文章的妙处。这样做，有利于激发学生学习的兴趣。 能够质疑，这是自读兴趣越来越浓的表现。

教　　　例	简　　评
师：其他例子不感人吗？ **生**：不食嗟来之食的例子也感人，闻一多的例子也感人。 （学生概括事例。） **师**：大家说得好。用来说明观点的事例一定要感人，一定要有说服力，所以要选择典型的例子。 （有的同学小声议论："写成记叙文不是更感人吗？"） **师**：有同学讲"写成记叙文更感人"，这是对的，但记叙文要求以事感人，可以铺叙；而议论文要求以理服人，应以说理为主，用例只是为了证明自己看法的正确。所以，用例不但要典型，而且文字要概括。这篇文章举3个例子，只用了二三百字，写得很简练。 **生**：请问老师，既然议论文举例是为了说明论点，那么举1个例子不就可以了吗？为什么要举3个例子？ **师**：这个问题问得非常好。哪个同学能回答？ （学生沉默。） **师**：可以跟前后左右的同学讨论讨论，也可以再读读课文。 （同学们纷纷看书，有的小声议论。） **生**：我认为3个例子各有各的用处。第一个文天祥的例子说明"富贵不能淫"；第二个不食嗟来之食的例子说明"贫贱不能移"；第三个闻一多的例子说明"威武不能屈"。每个例子各说明一句话。 **师**：你分析得很有道理。事例是用来说明论点的，因此，用例子要根据表达观点的需要，也就是观点和材料要统一。当然，也不是机械地一个观点对一个例子，有时一个例子也可以证明几个观点，有时一个观点也可以用几个例子来证明。这也得看需要。 大家再想一想，用3个例子还有没有别的原因？ **生**：课文第3节写了"我国经过了奴隶社会、封建社会的漫长时期，每个时代都有很多这样有骨气的人"。现在从不同时代、不同角度举3个例子，更能说明"漫长""每个时代""很	兴趣变成了动力。 让学生从深入思考中产生兴趣。 当兴趣被调动起来后，让学生进一步独立分析问题和解决问题，学生对阅读就会更有自信心，自然也会兴趣盎然。

教　　　例	简　　　评
多"，证明"我们中国人是有骨气的""我们是有着优良革命传统的民族"。 **师**：你补充得很好。这样，我们对文章举例的好处就理解得比较全面了。大家再看，文章写到最后说："我们无产阶级有自己的英雄气概，有自己的骨气。"无产阶级的骨气是什么呢？它跟过去"为当时的进步事业服务"的骨气有什么不同呢？ **生**：无产阶级的骨气就是：决不向任何困难低头，压不扁，折不弯，顶得住，吓不倒，为了社会主义、共产主义建设的胜利，一定能克服困难，奋勇前进。 **师**：你能举例说说什么是无产阶级的骨气吗？ （学生列举王若飞、叶挺、方志敏、刘胡兰、李四光、张志新、中国女排，以及1962年苏联撤回专家、撕毁合同后，我国自力更生建设社会主义的事例，证明什么是无产阶级的"不能淫""不能屈""不能移"。） **师**：同学们，今天通过自读、讨论，我们不但了解了议论文的一般特点，而且能自己分析《谈骨气》的特点，说明我们的学生能不能学好议论文啊？ **生**：能——！（齐声） **师**：学议论文难不难？ **生**：不——难。 **师**：大家不怕难就好。下课以后希望大家围绕班级里如何建设精神文明这个中心，各人确定一两个观点，选择一些例子加以证明。课后开一个主题班会，每个人对班级如何建设精神文明贡献一个建议，并申述理由，看谁的意见有价值。好不好？ **生**：好。 **师**：学议论文不难，不过我得提醒大家一句，我们今天是学的简单的议论文，以后还要学比较复杂、比较深的议论文。但只要大家有信心，肯钻研，又掌握了方法，就可以用自己的钥匙去打开议论文学习的大门。	引导学生用自己的积累分析和解决问题，顺理成章地破了"难"，就能从畏难转而生趣。 让学生初步掌握议论文的基本知识，并运用于实践，使之巩固和发展。阅读见效，必然能引起学生更大的兴趣。

[总评]学生自读课文并非全无兴趣。比如，新学期开始，许多学生就把新课本上那些诗歌、小说、故事、寓言等课文都读过了，真所谓先睹为快，兴致勃勃。然而，读书毕竟不能仅仅是为了好玩、有趣，而是为了从文章中、书籍中获取知识，吸收营养，从各方面提高自己。本教例中，教师根据议论文的文体特点，抓住学生学议论文之初的畏难心理，引导学生从自读、自查、自释、自问、自答，以及师生之间相互讨论等一连串学习活动中，体会范文本身的魅力，从而满足他们对知识、对提高自己阅读和表达能力的需求。这样做有利于提高学生广泛阅读各类文章的兴趣，激发学生持久、稳定的学习情绪，培养他们创造性地获取知识的意向，全面调动学生主动掌握语文工具的积极性。

(二)引写案例选评

到生活中找"米"

——开辟写作源泉

1. 同步课文篇目

《一件珍贵的衬衫》(初中语文第一册)

《老山界》(初中语文第一册)

2. 引写程

(1)知识引写。

古人写文章都很重视"聚材取事"。这里的"材"和"事"，就是写文章的材料。人们把取材作为写文章前第一位的准备工作。"巧妇难为无米之炊。"炊，一要"米"(材料)；二要巧(技术)。有了这两样才能做出好吃的饭来。写文章，也是这样。一要有内容；二要讲技巧。解决了写什么和怎么写的问题，才能写出好文章来。

有的同学写记叙文就皱眉头，咬笔头。原因大都是没啥材料可写，或者找不到新鲜、动人的材料。有时即使掌握了一鳞半爪的材料，但写出来的文章淡如白水。老师的评价是"作文内容贫乏，言之无物"。这说明，不会收集材料是写不出好文章的。所以，要写好作文，第一步得学会找"米"。

"米"从哪里来呢？一是同学们自己的校内外生活；二是前人、他人提供的资料；三是以生活和资料为基础的想象。从根本上说，"米"是从生活中来，资料是间接的生活，想象则是以生活为基础的。生活应该是最大的"米仓"。

有的同学说：我们的生活可丰富啦，学习、活动、劳动、娱乐……但一写到作文就没话可说。这是怎么回事呢？因为有丰富的生活，不一定就获得了写作文的生活材料，这就是人们所说的"身在宝山不识宝"。因此，还要学会发现和收集材料的方法。

怎样才能从生活中获得丰富、生动的记叙材料？应做到"四多"。

第一，多留心。鲁迅先生说过，处处留心皆学问。我们就是要做生活的有心人，留心周围的各种人和事：校内的，校外的；听到的，看到的；国家大事，生活小事……从中发现有意义的材料。《老山界》一课之所以写得真切感人、具体逼真，主要是因为作者自己经历了二万五千里长征。作者不仅有亲身体验，而且在行程中留心观察了红军官兵在翻越老山界时有关的人和事，包括红军翻越老山界过程中的许多细节，所以使人读了如临其境。

第二，多观察。要用敏锐的目光，仔细观察学校、家庭和社会生活，观察人们的言行和事情的发展变化，用"自己的眼睛去看别人的东西，在别人司空见惯的东西上能够发现出美来——"，并通过比较、体验，发现生活中的真、善、美，获得值得记叙的材料。《一件珍贵的衬衫》一文作者写自己亲身经历了一次交通事故，突出了三个场面。这三个场面之所以写得具体感人，主要是因为作者在事故过程中用敏锐的目光对周总理的神态、动作等进行了细致的观察、体验，从中发现了总理关心群众、热爱人民的许多感人的材料。

第三，多思考。要对周围的人、事和社会现象做分析，多问几个"为什么"，弄清楚所获得的材料为什么值得记叙。"全国中学生作文大赛"一等奖获得者刘汇力同学谈到一个例子：一天中午，她去上学，刚好在楼门口遇到了刘奶奶，她正要闪开路让老人家先走，可是刘奶奶抬手说：

"你快过吧，可别耽误了你们学生的工夫。"当时刘汇力因为赶路，没有细想这件事。后来，她在汽车上读外语，叔叔阿姨们争着给她让座，她的心第二次被触动。她想：刘奶奶那么大年纪，为什么给我这个十几岁的孩子让路？车上那么多人站着，叔叔阿姨们为什么偏偏给我这个学生让座？她经过反复思考，认识到：这是因为人们都自觉或不自觉地想到青少年是祖国的未来。她感到有多少话要对期待自己健康成长的人们说啊，又有多少话要叮嘱自己呵！于是提笔写成了《火热的心》一文，把一件很平常的小事写成了一篇情真意切的作文。

第四，多积累。茅盾在《创作的准备》一书中说："时时刻刻身边有一支铅笔和一本草稿簿，无论走到哪里，你都要竖起耳朵，睁开眼睛，像哨兵似的警觉，把你所见所闻随时记下来……"在平时生活中，要像蜜蜂从万花丛中采蜜，工人从散沙里淘金一样，经常地收集材料，并通过写观察日记和填写材料卡片等形式把收集的材料"保存"起来，建立起写作材料的"小仓库"。

只要真正做到"四多"，同学们写作文就不愁做无米之炊了。

(2)例文引写。

卖柿子的姑娘

好不热闹！

洧水桥集市那长长的货架足有 70 米，宛如一条长龙卧在马路上。货架上，各式各样的蔬菜和肉类，以及五颜六色的菜牌和标价，简直叫人眼花缭乱。小贩们的吆喝声，自行车的铃声，买卖双方的讨价还价声，交织在一起，组成了一支缺少指挥的合唱。（点评：寥寥数笔勾出集市繁闹小景，这是留心观察的结果。）

这里也有平静的地方。（点评：身在闹市而有静，处在静处又见闹。作者不仅做了细致观察，而且进行了认真思考。）

在不大显眼的地方，蹲着一个十八九岁的姑娘，黑鞋、蓝裤，上身罩一件粉红色的衣裳，在阳光的映衬下，红扑扑的脸庞洋溢着青春的活力。她的前面放着一大篮柿子，红彤彤，水盈盈的。不管小贩扯着喉咙如何吆喝，她只是睁大眼睛，静静地守着，等着……（点评：只要留心，平静之处可见不平静，不显眼处也能发现奇事情。善做有心人，定能多发现。）

这时，一个衣着入时的少妇领着一个小女孩走来。"多少钱一斤?"那少妇问道，顺手挑了一只柿子在手上轻轻地掂了掂。

"两毛五!"卖柿子的姑娘细声答道。

"我先尝尝，看甜不甜。"说着用带着香味的颜色好看的手帕反复地擦着那只柿子。（点评：一"掂"一"擦"，观察入微。）

"妈，我也要吃。"小女孩对大人嚷着。

"小孩子尝个什么名堂，给……"她把柿子递过去，又从篮子里拿了一只……

"甜吗?"卖柿子的姑娘含笑问道。（点评：笑得自然。）

已经大半个柿子落了肚的少妇，硬皱起眉头说："哎呀，还有点儿涩嘴呢! 算了吧，到别处去看看。"拉着女儿就要走，小女孩不肯，拉着妈妈的手，另一只小手放在嘴里舔着柿子的汁液："妈妈，柿子甜，怎么不要?"

"瞎说!"少妇看女儿不走，脸也红了，气也大了，照着孩子的屁股，"啪"的一巴掌，孩子哇哇地哭起来。卖柿子的姑娘见状显得既心疼又歉疚，赶忙拿了两只柿子给少妇。（点评：如见其人，如观其形，可见作者善于察"颜"观"色"。）

"不要!"少妇的声音，分明进溅着火星儿。（点评：一"静"一"进"，对比鲜明。）

卖柿子的姑娘轻轻地咬了一下嘴唇，细声细气地说："不买没事儿，这柿子是自家树上长的，算不了什么!"她静静地望着少妇，眸子忽闪着，轻轻地理了理被风吹乱的刘海，"给孩子吃吧。"

少妇怎么也没想到卖柿子的姑娘会送柿子给她，她脸红了，显得局促不安，手里捧的仿佛不是两只柿子，而是两只铁球……

（马晓星 撰）

[评语]不进宝山不见宝，身入集市材料多。一个普通的中学生从人

们司空见惯的集市中能发现并表现出具有时代风貌的人物，主要是由于他注意用心观察，善于分析思考。文中用细腻的笔法，生动、曲折地反映了两个人物思想感情的变化，准确揭示了人物的内心世界。正因为作者既注意观察，又注意分析，因而人物描写形神兼备，给读者留下了清晰、深刻的印象。

3. 训练程

(1)课堂说写(任择一题)。

①观察是获得第一手材料的主要方法。选择某一天，从早到晚，仔细观察班级、家庭里的师生、家庭成员的学习、活动、生活、思想等情况；也可以观察社会上的一些现象。通过分析和思考，挑选一些自己认为有价值、有意义的人和事，与同学口头交流。

写作提示：

A. 介绍人和事要抓住重点。

B. 叙述要有条理，并有详有略。

C. 语言表达要清楚、生动。

D. 听人介绍要集中注意力。

②我们生活中有许多凡人小事，只要多留心、多思考，就可以发现其中许多闪光的东西。下面一段文字，记叙了某同学见到的一件事。读了以后，口头分析一下，这则材料是否有记叙的价值，为什么值得记叙，怎样才能写得生动具体。

一天早晨，几个同学上学，经过学校门口的传达室时，只听见老传达员像同人吵架似的打电话："供电所吗？为什么到现在还不关路灯？""什么？忘掉了？说得轻巧，长着脑袋管啥用呀？这是浪费！是不负责任！"说完就把电话搁了。

写作提示：

A. 要从积极方面去理解材料的价值，着重写"闪光的东西"(工作负责，爱护国家财产等)。

B. 从老传达员的语言分析他的个性特点，对老传达员急躁、简单的缺点，应从爱护的角度，作为个性来反映。

C. 要适当展开，写出一定的情节，并适当写出环境及前因后果。

③只要做"有心人"，就可以从日常生活中发现一些新鲜、生动的材料。认真回顾、比较一周内每天早晨上学到校，或者傍晚放学回家路上见到的人和事，细心寻找作文的"米"。写一篇题为"使我感动的一个镜头"的观察日记。

写作提示：

A. 重点写一个镜头，可以做适当的环境描写和前因后果的简略交代，但必须突出一个镜头。

B. 要写"感人的镜头"，必须在留心观察的基础上，对一天的见闻加以比较、分析，选出"使我感动的一个镜头"。它不仅是目睹的，而且是有教育意义的"使我感动的一个镜头"。

C. 写一个镜头，往往易于三言两语，淡淡地介绍过程，或交代前因后果一大片，"镜头"反而不清晰、不突出。必须从环境描写，人物的言行、神态等细节描写，把一个"镜头"写得充实、丰富、动人。

D. 集中写"一个"镜头，空间、时间都有限制，不能节外生枝带出几个镜头、几件事。

④下面提供的某同学材料"仓库"里关于田老师点滴事迹的卡片资料，请确定一个中心，选用部分卡片的内容，经过合理想象和加工，写一篇记人的文章。参考题目是：他有这样的好教风。

A. 田老师写备课笔记，总是一改再改。他的课本、笔记本上留有圆珠笔、铅笔、蓝钢笔、红钢笔四种笔迹。

B. 每次批改作业，田老师总要做"分户记录"。他经常"查户口"，有的放矢地给学生做课外辅导。

C. 田老师星期天全泡在备课、批改作业里。同学们都议论："田老师的日历表里无假日。"

D. 上周星期五的傍晚，田老师发完作业本回家，路上他像突然想起了什么事，改道往李俊同学家走。一见李俊，他就连忙道歉似的说："你的路子是对的！你的路子是对的！"原来，上次批改数学作业时，田老师一时疏忽，把李俊同学想的一种新的运算方法批错了。

E. 田老师上数学课常常留 10 分钟让学生提问题，公开宣布："谁问倒我，就是我的老师!"他还风趣地说："我姓田，不能搞田(填)鸭式，而要学会种田，让苗苗自己长。"

写作提示：

A. 先对卡片做整理分析归类，根据题目"他有这样的好教风"，着重选用能表现"好教风"的卡片资料，首先抓住文章的写作重点。

B. 选择的卡片资料，内容比较单薄，根据中心思想的表达需要，进行合理想象，把内容写得丰富些、具体些。

C. 经过思考分析，按照一定线索，安排好记叙的顺序。

(2)课外练笔。

①古今中外许多名人学习语文，往往是"得益于课外"。为了加强课外作文练习，每个同学都要准备一本"课外练笔本"，经常记录自己的见闻、感想(包括观察日记)。建议同学们为自己的课外练笔本设计一个封面，内容包括练笔本的名称(如"火花""心声"等)，引用的格言(例如，"在需要的时候说恰当的话——叶圣陶")，以及图案，形式可以"百花齐放"。

②书刊上的材料是间接的生活源泉。经常摘录书报杂志上的资料，也是获得写作材料的一个途径。尝试自己设计一种资料卡片，内容包括：卡片名称、卡号、摘文标题、作者、译者、出处(书刊名称、卷、期、页)、摘录日期、摘要内容等项。

同学们平时要养成制作资料卡片的习惯，并善于把卡片按序号编订起来。

怎样积累写作材料

要使自己的文章写得内容充实，就必须花工夫逐步积累写作材料。

积累材料，要选定一个方向，确定具体的目标。这样，才可以有重点，积累最有用的、最需要的材料。

积累材料，手勤很重要。因为一个人的脑袋记忆力再好，容量总是有限的，而且单凭记忆，往往不精确，不可靠。正如俗话说的那样，好记性不如烂笔头。因此，我们除了眼观耳听，还必须手抄笔录，将平时留心观察所获得的材料及时"储存"起来，从而起到"勤笔免思"的作用。平时要专门准备一本"酿蜜簿"或"采花本"，也可以制作一些资料卡片，最好随时带着，及时地把生活素材和读书资料有重点地记录下来。

我国唐代诗人李贺，外出时随身携带一个锦囊，每得佳句，便写了放在里面。俄国作家果戈理外出时也经常带着一个大笔记本，封面上写着"万宝全书(或'日用百科全书')，编著：果戈理"。我们要学习中外名人的榜样，留心收集写作材料。

制作材料卡片，可以多种多样，不必统一。但一般资料卡片都要有材料内容、来源、记录的时间三个项目。如果是摘录报刊材料，还要注明作者、出处。一本资料卡片，实际上就是一个材料"仓库"。这样的"仓库"建设好了，我们写作文还用担心什么"无米之炊"呢。

4．评改程

(1)《评改要求表》。见表5-3。

选出三篇文章，印发供集体评议，各人填表评改。

表5-3 评改要求表

顺　序	作者名称	篇名	选材是否具体、典型	材料是否突出中心	分数
1					
2					
3					
对本人作文的自我评价					

说明：①先评他人的，最后评自己的。②评讲紧紧围绕本专题"怎样从生活中找'米'"。

（2）《作文病历卡》。见表5-4。

表 5-4　作文病历卡

篇次_____　题目_____　作文时间_____

项　目	病　情（主要毛病）	自我诊断（分析原因）	治疗方法（修改例子）
材料是否真实、可靠			
材料是否典型、感人			
材料是否紧扣中心			
教师复诊（收阅签意见）			

　　评改方式建议：①各人复习积累材料的基本要领。②教师明确评改重点，从选材角度评价文章。③同学间互相交流作文及资料卡片或摘录本，评选最佳作文和最佳资料卡。

　　[简评]"巧妇难为无米之炊"，引导学生写作，首先要引导学生建立自己的"粮仓""米廪"，开辟写作的源泉。本教例指导学生参加社会实践，广泛阅读书刊，多留心，多观察，多思考，多积累。正是在知识、素材、情感、语言的开源、建仓、储备、调运过程中，学生开阔了视野，提高了认识，丰富了情感，发展了智力。这一寻"米"、炊"米"的历程，不正成了使"妇"变得更"巧"的阶梯吗？

　　5.思考题

　　（1）这段文字使阐述的道理既"深"且"高"，可人们不嫌其"深"，不怕其"高"，而是广泛传诵，争相引用。想一想，这与作者选词炼句有什么关系？

　　（2）这段文字在阐述深刻哲理的时候，主要运用了哪几种修辞方法？把有关的句子画出来，试做具体分析。

(3)把这段文字中的有关比喻、排比等句子删去，或改成平实的陈述，再与原文加以比较，看删改前后在文采、气势和效果等方面有什么明显的不同。

四、 课堂教学艺术镜头速写

（一）做一做"排"的动作

课文《孔乙己》中有这样一句：孔乙己"对柜里说，'温两碗酒，要一碟茴香豆。'便排出九文大钱。"老师们讲到这句，常常要抓住句中精彩的"排"字，或反复提问，或详细讲析，做番"文章"。确实，这个字大有嚼头。

洪老师讲这个字，却有另一种处理。

"同学们，'排'是个极平常的字，但鲁迅先生用在这儿，很有深意。请大家好好琢磨一下：孔乙己当时究竟是怎样'排'出九文大钱的。我们不妨做做看，学一学这位'上大人孔乙己'的动作，用心体会鲁迅先生用字的妙处。需要提示大家：人物的外在动作，是他内心情感的直接反映。要做好动作，必须准确把握孔乙己当时的心理状态。我给几分钟时间，大家准备准备。"

同学们一下子都愣住了，谁也想不到老师会出这样一道"练习题"，但短暂的沉寂后，便都兴奋起来。有的细读课文，想从字里行间找到表演灵感；有的托腮沉思，想象孔乙己当时的神情、姿态；有的相互讨论，研究如何动作；有的则掏出一把硬币……课堂里，个个活跃，百态纷呈。

几分钟后，开始"演"了。

甲生走上讲台，把九枚硬币在桌面上排成一线，然后双手把硬币向前一推，说："就这样'排'。"

"不是这样！""不对，不对！"甲生刚做完动作，讲台下纷纷否定。

洪老师对他说："请你说说你这样做动作的理由。"

甲生说："孔乙己好喝酒，数出九个钱，双手一推，急着要喝酒呢。"

课堂里爆发出一阵笑声。

洪老师也笑着说："你是第一个'吃螃蟹'的人，应该表扬。"

乙生走上讲台。他拿起九枚硬币，一线儿平列在右手掌心上，先得意地看了看，然后倾斜手掌，"哗"地一溜儿泻在台面上。

台下一时静默，同学们在体味这位同学的动作，不置可否。

洪老师对乙生说："也请你说说这样'排'的理由。"

"孔乙己今天口袋里有钱，他洋洋自得，'今朝有酒今朝醉'。这个动作，就是要表现他得意的心理状态。"

洪老师说："有点味儿了。你已能深入人物的内心进行揣摩了。可我要说，孔乙己当时不仅仅是因为有钱喝酒而得意。需要再提醒大家：人物离不开环境，别忘了孔乙己是身处咸亨酒店之中；别忘了他的地位，人们对他的态度；别忘了孔乙己这个人物具有的个性特点。"

过了一会儿，一些同学似有所悟，纷纷举手，要求做动作。

丙生上台了。他上台前，还和同桌先耳语了几句。

当他走近讲台时，同桌突然喊道："孔乙己，你脸上又添伤疤了！"原来，他们是"合计"好了的，同桌当"短衣帮"这一配角。

只见丙生向传来声音的方向投去鄙夷的一眼，又慢条斯理、抑扬顿挫地说："温——两碗酒，要——一碟茴香豆。""两碗"还加重了语气，说得很有"滋味"。

然后，他平展右手，掌心里躺着几枚硬币；他又把掌一收，五指合拢，用拇指和食指一搓捻，再用拇指把一枚硬币按到台面上，硬币接触台面上。硬币接触台面的声响，清晰可闻。九次动作，九个声响，九枚硬币整整齐齐赫然"排"在台面上……

课堂里响起了热烈的掌声。

洪老师说："掌声肯定了你的表演。你也向大家说说，这样'排'的理由。"

"孔乙己一进店，听到有人嘲弄他，但他是个自命清高的人，尤其在'短衣帮'面前，从不肯放下臭架子。所以，他是很有派头、郑重其事地排出了九个钱。他在心里说：'我孔乙己今天不但付钱喝酒，酒还要喝两碗呢。我是个知书达礼之人，满肚子学问，你们竟敢笑话我？真是岂有此理！'"

洪老师称赞说："做得好，说得也好！你把'排'字的含义挖掘出来了！"

"同学们，通过以上表演，我们可以看出鲁迅先生只用一个极平常的字就揭示出人物丰富的内心世界，刻画出他性格特征的一个方面：自命清高、迂腐酸臭。这样高超的'一字传神'的语言艺术，我们应当好好体会，认真学习。"

课后，洪老师说："让学生在课堂做一做'排'的动作，亲身体会一下人物的思想感情，从而悟出作者用词的匠心，这会胜过教师分析的千言万语。提问，是激发学生思维的手段，但过多的提问会引起学生心理上的厌倦。实践证明，在课外组织学生演出课本剧，学生受益颇多。受此启发，让学生在课堂内'动一动'，在活泼的氛围中学习，这不更好？"

（王铁源　撰）

（二）等他 60 秒

洪宗礼老师正在上《皇帝的新装》。安徒生笔下有趣的情节，洪老师幽默的讲解，使 50 个学生都走进了奇妙的童话世界。

课文分析已近尾声。

"谁能说说，童话的结尾为什么让一个孩子来戳穿骗局？"

这问题似乎不难回答，好多学生立即举起了手。

"小孩子天真，讲真话。"

"说得对，"洪老师既满意又不满意，又追问一句，"大家再想想，有没有更深一层的意思？"

几秒钟后，一个男孩猛地竖起手臂："我想，我想……"话刚出口，却又"卡"住。

"不要紧张，慢慢讲。"洪老师鼓励他把话讲出来。

"我想，我想……"仍然无下文。

教室里响起了笑声。那笑声仿佛说："太冒失了，该想好了再说嘛。"

那男孩似乎听出了嘲讽，变得不安起来，脸也涨红了。

"不要怕，说错了不要紧。"洪老师仍在鼓励，但男孩怎么都不愿再说了。

从教室里回荡的笑声中，从眼前这张涨红的脸上，洪老师也察觉出了什么，他温和地对男孩说："刚才，肯定有什么从你脑中闪过，可你并没有抓牢它，它溜了。你坐下，再细细想一想。"

男孩坐下了。30 秒过去了，教室里静悄悄，有个学生疑惑起来，不解地望着老师："值得等吗？"

洪老师也用目光示意他，像是在说："你自己为什么不用心去想想呢，给他时间想，也给你时间想。"

50 秒过去了，教室里静悄悄。有一个女孩举起了手，她要求回答。

洪老师向她微微摇头，那意思是：请再等一等。

那举手的女孩放下了手臂。

1 分钟过去了，教室里仍是静悄悄的。终于，那男孩站起来，说："我想，结尾让小孩来戳穿骗局，合情理，因为天真的小孩不知道怕，所以敢讲真话。而且让一个小孩道出事实真相，更有讽刺意义：这个皇帝连小孩都不如，真是愚蠢至极，昏庸透顶，还配做什么一国之君！"

他刚说完，洪老师高兴地说："嘿，你真把那一闪而过的东西又抓回来了，而且想得更清楚、更完整了！"

那男孩十分高兴地坐了下去。

课文分析，又继续往下进行……

一个学生在课堂上面对教师和几十个同学回答问题，这是需要一定勇气的。教师对发言者的积极性加以保护：回答正确的理应得到表扬；回答错误的不应受到指责；回答不完整、不深刻的，应促其再思。这既是对学生的尊重，也是符合认知规律的做法。创造出一种和谐、宽松的教学气氛，就会使每个学生勤于思考、乐于发言。看来，课堂里出现的这无声的 1 分钟，绝非 60 个空虚的"滴答"声。

（王铁源　撰）

（三）给"笑"加个形容词

《卖油翁》读讲之后，同学们几乎都能"对译如流"了，不少同学"欣欣然"而有些自满。

洪宗礼老师转身，把课文最后一句话"康肃笑遣之"写在黑板上，笑着说："请在'笑'字前面加上一个形容词，把康肃的'笑'具体化。"

同学们来劲了，"大""微""爽朗""冷冷""友好""挖苦""温和""客气""嘻嘻哈哈""真心诚意"……几分钟内，出现了几十种不同的"笑"。说"笑"的，听"笑"的，都忍俊不禁，一时间，教室变成了"笑室"。

洪老师说："陈康肃不可能同时笑几十回，此时此地的陈康肃，究竟是怎样'笑'的呢？谁能准确地形容一下，要说出自己这样形容的理由。"

这么一问，充满笑声的课堂顿时鸦雀无声，你盯我，我瞧你。有的低眉翻书，有的垂首沉思……一鸟不啼山更幽，此时无声胜有声。问题看起来不难，听起来有趣，但这不是一个可以"信手拈来"的形容词，也不是一个可以"妙手偶得"的描写语。它需要学生认真钻研课文内容，深入分析人物性格才能正确得出。这是一次有趣的高层次思维训练。

突然，一个学生、两个学生、三个学生……举起了右手，争相发言，课堂经过几分钟的沉寂，又水流潺潺，流动起来，活跃起来了。

"'笑'字前面可以加上'礼貌'或者'佩服'二字，因为陈康肃这个有身份、有地位的人，看到卖油翁对葫芦里注油，一滴都不漏出来，他会很佩服，很有礼貌地笑笑，让卖油翁走。"

立即有同学表示不赞成："陈康肃一贯骄傲自大，自以为'当世无双'，怎么会佩服一个卖油的老头，还'礼貌'地笑笑呢？"

"'笑'字前面可以加上'抱歉'或者'惭愧'两个字，因为陈康肃看到卖油翁确实有一手，而自己原来不把卖油翁放在眼里，还气愤地指责他，卖油翁却不计较。这一对比，陈康肃心里就会惭愧起来，所以，他抱歉地笑笑，让卖油翁走了。"

立即又有同学提出异议："陈康肃是个有权有势的人，他怎么会心里感到惭愧呢？"

"夸奖""勉强""僵硬""苦恼"……一个个词在思维的火花中迸发，又在热烈的争辩中接受严格推敲。学生在思辨中"由表及里"地读书思考，"由形而神"地分析人物，"有理有据"地发言、讨论，"聚精会神"地听取争辩，教学也在不知不觉中进入了理想境界。

在同学们热烈讨论、争论不休的时候，洪老师笑着问大家："作者为什么写康肃'笑而遣之'，而不是让康肃说几句话再放卖油翁走呢？"这既是一个有趣有味的问题，又是一个巧妙的点拨，同学们猛地悟出来了。有同学竟成了"冒失鬼"，不举手就喊起来："他无话可说！""他愣住了！"

洪老师笑着说："陈康肃既然无话可说，那么，他的'笑'应该是——"

"无可奈何！""尴尬！"……

瓜熟而蒂落，水到而渠成。紧张而愉快的思索，结出的是甜果子。

洪老师趁势讲了如何深入读书，说："只有多想，读书才有可能读透；只有多想，说话才有可能说准；只有多想，听话才有可能听明白；只有多想，写文章才有可能写清楚。想，是一个总开关。"

同学们十分专注……

（程良方　撰）

（四）疑问是这样产生的

洪宗礼老师正在七年级(2)班讲《人民的勤务员》。课文浅显易懂，字是常用字，词是常用词，学生普遍认为"简单"，有的学生甚至说"一览无余""一目了然"。预习之后，全班没有一个人提出问题。但是，洪老师心里有谱：学生没提问题，不等于没有问题；学生提不出问题，本身就是一个不小的问题。他要引导学生于不疑处生疑，让学生平静的脑海里激起思维的浪花。

洪老师把课文中"他寻找一切机会为人民服务"这句话写在黑板上，似有不解地说："这里为什么用'寻找'，而不用'利用'，或者'看准''抓住'呢？"这一问，学生立即忽闪着眼睛，有的默念着"寻找""利用"……通过一番思考，大家悟出了"寻找"的深层含义及表现力，也品尝出"于不疑处生疑"的滋味来。同学们一个个都来了神。才品评完"寻找"，就有学生举手："我觉得，'寻找一切机会'中的'一切'这个词也应该注意推敲。"

"'一切'这个词也值得推敲！说说看！"洪老师有意地重复，目光中充满了鼓励。

"作者为什么用'一切',而不用'许多',或者'很多'呢?我们只要联系下文一看,就不难找到答案……"显然,他是套用了洪老师"生疑"的思路和用语,听课的老师都微笑起来。

洪老师高兴地说:"这个'疑'一'生',课文的结构就一目了然了"。他充分肯定了那位同学的发言,笑着问:"你是怎么想到这个问题的?"

"受了老师的启发。"

"噢,什么启发呢?"

"老师用'利用''看准''抓住'与'寻找'相比较。"

"噢,你就用'很多''许多'与'一切'相比较。换词比较,可以生疑促思。是不是?"

"是的。"那位同学笑了。洪老师笑了。许多人笑了。

洪老师说:"'他寻找一切机会为人民服务',是课文的关键句。凡是文章的关键处,都要引起注意。一篇文章,从字、词、句、章到主题思想、写作方法,可以提出许多问题。我们主要是根据文章的特点和学习的目的,抓住'疑难之处''关键之处''细微之处''含蓄之处''传神之处',通过设问生疑,促进自己思考,以便消化、吸收文章的精华。"

同学们的思维火花被点燃了,他们一下子"生"出了几十个"疑"来,如"井喷",又如"泉涌"。

课文为什么用《人民的勤务员》做标题?如果用《雷锋主动做好事》做标题呢?

课文开头和结尾为什么要引用雷锋的一句话?这两句引语在文章中起什么作用?

课文为什么要记雷锋的6个小故事?如果只记3个、4个呢?为什么不记8个、10个甚至几十个呢?

课文为什么先略写雷锋在列车上为旅客服务,后详写雷锋在旅途中给大嫂补票……

为什么要强调"到沈阳换车的时候,雷锋出了检票口",就"发现一个背着小孩的中年妇女丢了车票……就上前问道……"?

"他过地下道时，在熙熙攘攘的人流中，看见一位白发苍苍的老大娘……"如果去掉"熙熙攘攘"这个词，好不好？

…………

洪老师听着这一个个"为什么"，一个个"如果"，仿佛听到了春蚕在沙沙地食叶，蜜蜂在嘤嘤地采蜜，心里不由得涌起了一阵阵欣喜。他为同学们积极学习"于不疑处生疑"而欣喜，为同学们化静为动、由表及里走向思维深层而高兴。

于不疑处生疑，方是进，这是至理。教会学生于不疑处生疑，在平静中兴波。其意义和价值，绝不只是教会学生怎样自主读书。洪宗礼老师以"淡而藏味"的范文为例子，通过对语言文字、篇章结构的辨析、探究，在"无疑"处"设疑"，于"不疑"处"生疑"，激起学生思维的兴趣，最大限度地调动学生的思维潜能，逐渐由课文形式的表层进入作者表情达意的深层，由兴味淡然的阅读心态进入兴味盎然的思辨佳境。这样，学生思维的准确性、深刻性、广阔性和批判性，就在语言形式的品评、鉴赏过程中得到了一次极有效的锻炼。教会学生于不疑处生疑，学生就可能在人们习以为常、司空见惯的现象中，在人们以为平淡无奇而熟视无睹的事物中，见人之所未见，思人之所未思，进而有独到、新颖的创见，有深刻、卓越的见解。这多么令人欣喜和鼓舞。

（程良方　撰）

（五）找到一条"辅助线"

灯下，洪宗礼老师在伏案备课。

摊在他面前的课文是李白的《行路难》。

这首诗虽说只有 20 句、82 字，但写得跌宕起伏。

读诗，贵在"贯通"；讲诗，难点也在于此。

怎样启发学生准确地把握诗人复杂多变的情感，完整地理解整首诗蕴意丰富的内容？

先逐句串讲，然后再收拢小结？面对的是高三学生，他们可能不"领"这一套……

他在长时间地钻研教材，寻求教法。

洪老师说过一句话："如果说一堂好的语文课是件艺术品，那么，备课就是雕塑这件艺术品。"

现在，他做的就是这"雕塑"工作：试图求得一个不落窠臼、富有实效的方法，解决这个教学难点。

蓦地，他双眼一亮：曲线！诗人波澜迭起的情感，是一条连贯的曲线！他赶紧把这条曲线画了出来：

"金樽清酒斗十千，玉盘珍羞直万钱。"好友设宴，美酒珍馐，李白大可"一饮三百杯"，这是感情线上的第1个点。

但诗人因仕途失意，被变相逐出京城，苦闷抑郁而"停杯投箸""拔剑四顾"，可见肴馔之丰盛，餐具之贵重，原是为了反衬诗人内心的苦闷之深。感情线上的第2个点，应处在第1个点之下。

"欲渡黄河冰塞川，将登太行雪满山。"这是正面写"行路"的艰难，诗人用"冰塞川""雪满山"象征人生道路上的艰难险阻。此二句极言怀才不遇的痛苦，深沉而又愤激。这该是感情线上的最低点"3"。

"闲来垂钓碧溪上，忽复乘舟梦日边。"诗人在心境茫然时，忽然想起古代在政治上开始并不顺利，而最后终于大有作为的两位人物，觉得光明在前，希望尚有。感情从低谷复又上升至"4"。

一旦回到现实，诗人在离筵上瞻望前程，又发出"行路难！行路难！多歧路，今安在?"的感喟。感情在尖锐复杂的矛盾中再一次回旋，故又下跌到"5"。

但诗人倔强、自信，对光明充满执着的追求。他具有积极入世的强烈要求，这终于使他唱出了全诗的强音："长风破浪会有时，直挂云帆济沧海"。感情升腾至曲线的最高点"6"。

太好了！这条曲线的作用太大了。它串联起整首诗12个句子，使得句与句之间贯通畅达，全诗成为一个有机的整体。它形象地反映出诗人复杂多变的感情脉络，时而低沉凄婉，忽而又豪气冲天，使人清楚地了解到这些情感是如何转换的。它鲜明地显示了这首诗写作上的主要特色：跳荡纵横、承转无迹。

有了这根曲线，很多需要详细讲析的东西，便豁然在目了。

夜阑人静，洪老师为找到新的教法而兴奋不已，在备课本上"唰唰"地书写教案……

待到上《行路难》这课时，洪老师在黑板上画出了诗人那根感情曲线，让学生在了解李白生平，以及写作此诗背景的情况下，依据这根曲线自己分析全诗。学生理解迅速，见解正确，分析深刻，且又兴趣盎然。教学收到了事半功倍之效。

课后，有学生这样说：在我们求证一道几何题，久思不得之时，一经老师指出一条辅助线，思路便完全打开，想不到学习古诗，语文老师也做了一条"辅助线"，帮助我们迅速而又深刻地领会了诗的内容、诗人的情感、诗的写作特色。

（王铁源　撰）

（六）终课前的涟漪

还有几分钟就要下课了，课堂如湖水一样又渐渐恢复了平静。

忽然，风乍起，吹皱一池湖水。洪宗礼老师不紧不慢地问大家："明朝末年，有个吊死在煤山上的皇帝，说说看，他是谁？"

"崇祯。"

"怎么写？"洪老师追问。

"'崇'是'崇高'的崇，'祯'是'礻'旁加个'忠贞'的'贞'。"

洪老师板书了"崇祯"二字后，又追问："你们都知道明朝末年有个崇祯皇帝？"

"早知道了。"嗓音里有明显的"问不倒"的骄傲。

平素惜时如金的洪老师，今天这是怎么啦？怎么忽然在课堂里不紧不慢地扯起历史小常识来了呢？

洪老师忽然幽默地说："不知大家注意到没有，我们学的《阿Q正传》里，却又冒出了一个'崇正'（板书：崇正）皇帝！同学们看一看课文的第三段。"

课文上赫然写着"……穿着崇正皇帝的素。"

奇了，怎么又冒出个"崇正"来了呢？

《阿 Q 正传》是不朽之作，语文课文节选了其中的第七章、第八章。几节课里，同学们热情很高，从各个方面提了问题。这一节课，是《阿 Q 正传》(节选)的总结课，洪老师问大家还有什么问题，同学们是"虽欲言，无可进者"，有的已悄悄合上了课本，套上了笔套，静待下课的钟声响了。现在，终课前几分钟，经洪老师这么一提一点，大家又立刻兴奋起来，脑海中又激起了层层思考、探究的涟漪。

"会不会是笔误呢？鲁迅先生也是人，不是神，他也难免有笔误的时候……"

"不可能有这样的笔误吧。鲁迅先生说过，写完后至少看两遍。就是第一次笔误了，那在看第二遍、第三遍的时候，总会发现、纠正的。"

"明朝末年的皇帝是'崇祯'，这是历史常识，几乎人尽皆知。鲁迅先生不可能把'崇祯'误写成'崇正'。"

这是一个涟漪。涟漪中闪动着思考、探究的光彩。

"会不会是印刷排版中的错误呢？"

"你的意见有两处站不住脚。一是仅凭猜测来解决问题，如同在沙滩上盖房子，是站不住脚的。二是书下注释明确指出'崇正'就是'崇祯'，可见，这不是什么排版的错误。"

又是一个涟漪。同学们的思维向着研究问题的科学性方向流动……

"艺术不等于历史。《阿 Q 正传》中的'崇正'，不等于历史上的'崇祯'。"

"艺术真实固然不等于历史真实，但是，艺术真实必须符合历史真实，而不能违背历史真实。鲁迅先生的《故事新编》等，都是二者完美结合的典范……"

这也是一个颇有生气的涟漪。同学们思维的批判性、论辩性得到了实际的锻炼。

此时，面带微笑的洪老师插了一句："能不能从后文用'柿油党'来代'自由党'中得到一点启发呢？"

一波才动万波随。立即有学生举手发言："我以为，鲁迅先生把'崇祯'写成'崇正',很可能是有深刻的含义的。课文里用'柿油党'代替'自由党',讽刺艺术的效果很好。我想,用'崇正'来代替'崇祯',至少是对封建帝王的一种讥讽和嘲弄……"

这差不多是一个漂亮的涟漪了。同学们思维的独立性、灵活性、深刻性很耀眼地荡漾在这闪光的涟漪中。

课堂像湖水一样,一层又一层地漾起了涟漪……

洪老师听着同学们热烈的议论,眉宇间绽露出由衷的欣喜。他抬腕看表后笑着说:"鲁迅先生为什么要把'崇祯皇帝'写成'崇正皇帝',这个问题,课外可以更深入地去读书研究。现在,我要说的是,像《阿Q正传》这样的名篇名著,是一座座充满奥秘和魅力的艺术殿堂。我们对它们的认识,绝不是课堂里读几遍、问几个问题就能'一次完成'的,而是需要我们去反复研读,反复探索的。"说着,他转过身,用醒目的字号书写了叶圣陶先生的读书名言:一字不宜忽,语语悟其神。

语文科代表眉心的结展开了,她投向洪老师的目光中充满着惊喜和敬佩。

这终课前的一点一拨,真是山拔地,峰突起,既激起了同学们层层思索、探究的浪花,又把同学们引上了探索名篇名著的登攀之路,真是绝了……

古人论作文常有"豹尾""撞钟"之说。其实,一堂课的结尾也很有讲究。高明的教师总是很注意从教材实际和教学目的出发,从发展智力、培养能力出发,精心设计课堂教学的结尾这个环节。洪宗礼老师于细微处兴波助澜,仅问一字,而余韵无穷,在同学们心中燃起旺盛的探求火焰,取得课虽终而意不尽的效果。这实在是一种教学的艺术。

(程良方　撰)

(七)银杏树下的激思

此刻,是课外活动时间。九年级文学社团的同学正站在校园南首的一棵银杏树下,把目光投向精神抖擞的洪老师。

洪老师动情地说:"这棵古银杏树,日复一日、年复一年地伫立着,满怀深情地迎送着同学们，满怀期待地盼望着同学们茁壮成长，早日成才。在这初中毕业的前夕，让我们一起来将这棵古银树好好地描绘一下，把它深深地刻在心中吧!"同学们被洪老师的情绪感染了，他们纷纷用富有感情的语言来形容银杏树："多么高大挺拔""多么巍峨壮观""耸天矗立""威风凛凛"、"树叶繁茂如巨伞""树干粗壮如巨人""质朴无华，饱经风霜，像慈祥、宽厚的老人""不声不响、默默无闻，像我们敬爱的老师"……这些形容，恰如大珠小珠落玉盘。

洪老师又说："银杏树，已经成了我们学校的美好象征。展翅高飞的校友们，一旦从天涯海角回到母校，都要到它身边来看看，有的还要在它身边留影纪念。"说着，洪老师突然把手指向学校大门口，绘声绘色地说："巧了! 你们看，一位校友正向银杏树走来——"同学们聚精会神地听着，目不转睛地望着洪老师，洪老师却戛然而止。同学们急切地问："谁来啦?"洪老师极富表情地扬起两道眉毛说："请你们想象吧，他(她)可能是谁呢?"新奇而有趣的设问，使同学们产生了耳目一新的感觉，激发起同学们的创造性思维。"他可能是满头银发的老华侨。""他可能是肩负重任的领导干部。""他可能是有突出贡献的专家。"" 他可能是建立战功的解放军战士。""他可能是救死扶伤的白衣战士。""他可能是受人尊敬的劳动模范。""他可能是为国争光的运动员。"……思维驰骋，想象丰富。

洪老师指着一位学生说："假如你就是那位满头银发的老华侨校友，当你来到银杏树下，你可能会有怎样的动作，怎样的心理活动? 现在，请你给大家做一做，说一说，好吗?"

那位学生沉思片刻之后，很快进入角色。只见他快步走近银杏树，双手在树的躯干上上上下下、反反复复地摩挲着，嘴里轻轻地、不断地说："我回来了，我回来了!""银杏树啊，你还是那样年轻，你没有老，你没有老!"说着说着，他摸出一块手帕拭起眼睛来……

同学们愣了几秒钟，"哗"地鼓起了掌……

洪老师充分肯定了他的"小品"，称赞他"有激情，有个性"，然后，笑着问："谁来当有突出贡献的专家?""我!""我!"洪老师指着一位女同学，说："好，你来当女专家。请注意，我现在是校长。我陪你来到银杏树下。"

那位女同学边走边说："校长，母校发展很快啊！"走到银杏树下，她围着转了两三个圈子，仰头看看树冠，低头看看树根，深沉地对"校长"说："根深才能叶茂啊！只有把基础打扎实了，将来才能不断地开花结果啊！""校长"连连点头："根深叶茂，本固枝荣。"

同学们忍俊不禁，满场粲然。

"你来当建立军功的解放军战士……"

"你来当劳动模范……"

"你来当个体户校友。你在校时是个淘气鬼，现在是班主任陪着你来到银杏树下……"

不是戏剧小品，酷似戏剧小品。学生在古银杏树下，凭借生活逻辑，展开想象，构思出异彩纷呈的小品来。

一阵风吹来，刮得树叶飒飒响。风刮来几片飘飘悠悠的黄叶，洪老师的双眼始终随着这几片叶子，看着它掉下来，翻卷着，落在地上。他走过去，一片片地拾起来，又把它们轻轻地放在树根的周围，满怀深情地吟出一句诗来："化作春泥更护花。"

"同学们，现在让你们以《十年后，我站在古银杏树下》为题，写一篇想象作文，有没有'情'可'抒'，有没有'志'可'言'呀？"

"有！"

"有！"

情动而辞发。感情的闸门打开了之后，他们不仅感到有许多的话可说，而且强烈地感到不吐不快。

文章本是有情物。没有充沛、丰富的感情涌动，是很难写出富有激情和个性的文章来的。洪老师在作文教学中，把着眼点放在思想感情的培养上，放在思维能力的培育上。他因校制宜，因人制宜，把学生引入特定情境之中，让学生依据不同对象、不同条件、不同特点，展开想象和联想，进而把思维引向全方位、多层次发展，使学生思维的灵活性、敏捷性、多向性和创造性诸多品质得到培养。这对如何进行课外活动，如何进行作文教学，乃至如何进行阅读教学，都是有所启迪的。

（王铁源　撰）

（八）一颗枣核该有多重

洪老师手托几颗生枣核走进课堂，问："它重不重？"

学生众口一词："不重。"

洪老师说："它究竟是重还是不重，答案在《枣核》这篇课文里。"

洪老师读课文第一段，要学生一一指出老师读错、读漏的词、句。

学生指出，老师漏读了"航空信"的"航空"，"再三托付"的"再三"，"东西倒不占分量"错读成"东西倒没有分量"。

师：作者为什么要强调"信"是"航空信"？为什么要在"托付"前面特别写上"再三"二字？请用简洁、明白的话参加讨论。

生：写信人在美国，急着要家乡的生枣核，所以寄航空信给要"动身访美"的作者，"航空信"能表示写信人心情急切。

生：那位"旧时同窗"生怕作者忘记带枣核，所以，托付了一遍又一遍。"再三托付"可以反映写信人的殷切心情。

师：两位同学的发言简明扼要，有理有据，有说服力。下面继续讨论，"东西倒不占分量"为什么不能改成"东西倒没有分量"？

（学生阅读课文，准备发言。）

生："不占分量"，是说枣核好带。这是作者从旅行的角度说的。读过课文可以知道，几颗生枣核寄托了那位"旧时同窗"热爱家乡、热爱故土的感情，它的分量是很重的。如果说"没有分量"，那就不对了。

生：我同意刚才同学的发言。"不占分量"，是说枣核个儿小，好放好带。表面上看，它分量不重，但骨子里它的分量很重。它寄托了海外华人热爱家乡、热爱故土的感情。（众笑）

师：为什么笑呢？他的发言有什么不对吗？

生：他的发言，同别人的话重复。

师：噢。如果认为别人的观点是对的，可以表示同意，但不要重复别人的话。应该从不同的方面、不同的角度来加以说明。请联系课文，继续讨论我们提出的那个"为什么"。

生：那位旧时同窗，离开祖国快"半个世纪"，已经是"风烛残年"的老人，还忘不掉家乡的枣核。这说明枣核在他心中不是"没有分量"，而是很有分量。

生：那位旧时同窗，在机场得到了几颗枣核，就"托在掌心"。这个"托"字也说明枣核很有分量。

生：我不同意。"托在掌心"，这个"托"字不是说明枣核很有分量，而是反映那位老人对枣核的爱惜、珍惜。课文上是这样写的，"托在掌心，像比珍珠玛瑙还贵重"，"贵重"是说"贵"，不是说"重"。所以，这个"托"字是表现枣核在那位华人心中的分量很重，价值很高。

（众人频频点头。）

师：这位同学否定别人的意见说理充分，同时注意态度，不讽刺挖苦别人。很好。

生：我补充一点。那位美籍华人"家庭和事业都如意，各种新式设备也都有了"，"可是心上总像是缺点什么"，他"想旧历年"，"想总布胡同里那棵枣树"。他托作者带几颗生枣核，是要"试种一下"。这就说明几颗枣核的价值超过了家庭和事业，超过了各种新式设备。

生：我也补充一点。刚才几位同学都是从那位华人的角度来谈枣核的，我想从作者的方面来谈枣核。课文开头，作者说生枣核"东西倒不占分量，可是用途却很蹊跷"，听旧时同窗说了思念家乡、想念总布胡同院里的枣树之后，作者在课文最后说："改了国籍，不等于就改了民族感情；而且没有一个民族像我们这么依恋故土的。"可以知道，枣核在作者的心中也是很有分量的。

洪老师带头为他的发言鼓掌，课堂气氛一片活跃……

语文教师培养学生探究思考的能力义不容辞，而课堂是提高学生探究能力的重要演练场地。如何根据教材设计讨论题目，授以参与讨论的A、B、C，我们是可以有所作为的，而这个教学镜头对我们的启示是切实的、有益的。

（程良方　撰）

第六章

聆听窗外声

一、 从洪宗礼现象获得的教益和启发

（王湛，教育部基础教育课程教材专家工作委员会主任委员，教育部原副部长，江苏省原副省长）

洪宗礼老师从教近半个世纪，在教育教学、教材编写和教育科研三大领域都成就斐然，对教育事业、出版事业奉献甚丰。教育工作者和出版工作者都可以从洪老师的成果和实践中受到深刻的教益，从多方面得到借鉴和启发。我也曾经做过语文教师，因为脱离语文教学实践已二十余年，从语文教育方面谈向洪老师学习的心得，恐难说得深切。我就结合自己比较熟悉的教育行政管理工作，谈一些想法，谈谈我从洪宗礼老师的实践与成果中获得的教益和启发。

教育部基础教育课程教材专家工作委员会主任委员、
教育部原副部长王湛在"洪宗礼语文教育思想研讨会"上讲话

第一点启发是关于教育家的成长和教育家办学。近年来，中央领导同志多次提出要"教育家办学"。温家宝总理在全国人民代表大会上做《政

府工作报告》，也大声疾呼要提倡"教育家办学"。我领会这有三点重要意义。其一，进一步表达了办教育要尊重人才的观念。其二，办好教育要尊重教育规律、教育工作者自身的规律。要由了解教育规律、遵循教育规律的人来办教育，不能简单地用行政命令、行政工作的老一套来指挥办教育。其三，教育要坚持科学发展。当前，教育发展的着力点要放在加强内涵建设、提升办学水平、提高人才培养质量上。坚持科学发展，必须更加强调依靠教育家办学。温总理的热情呼唤如黄钟大吕，遗憾的是，对如何落实"教育家办学"，我们缺少周密、有力的部署；教育行政部门和全社会对教育家的宣传都很不够；依靠教育家办学，在教育工作中自觉发挥教育家的作用，也显得很不够。事实上，在中国基础教育领域里有一大批教育家，江苏的基础教育领域里，同样也有一批教育家。他们主要在学校教学和管理一线，兢兢业业地从事着教书育人的工作，不仅为社会和国家培养了各类优秀人才，而且洞悉教育规律，精通教育业务，在长期实践中积累了丰富经验，并在此基础上升华为理论成果，用于指导工作实践，为丰富和深化教育理论做出了贡献。洪宗礼老师就是在基础教育一线成长起来的优秀教育家，是江苏基础教育领域内教育家的优秀代表。洪宗礼老师近五十年的教育工作道路，生动地说明了教育家主要成长于教育教学和教育管理的第一线。一位优秀的教育家，对教育事业做出的贡献是巨大的。泰州市、泰州中学为洪宗礼老师这位优秀教育家的成长创造了良好的条件，给予了热情的培养和关爱，而且在发挥洪老师这位优秀教育家的作用方面给予了高度的重视和支持。我们应该热情地宣传像洪宗礼老师这样的优秀教育家，应该更加自觉地依靠并且在教育工作各个领域中发挥像洪宗礼老师这样优秀教育家的作用，推动中国教育事业科学发展。

第二点启发是关于教材建设。课程在学校教学中处于核心地位，而教材是实施课程的最主要载体和资源。从 1999 年开始准备，2001 年开始实施的新一轮基础教育课程改革的总体目标是要更新教育理念，深入实施素质教育，改革人才培养模式，培养适应 21 世纪经济社会发展需求的一代新人。改革的具体目标设计对课程功能、课程结构、课程实施、课程评价和课程管理都提出了新要求。而这些改革的目标和要求都集中地反映和贯彻到教材上，在教材编写、建设和管理上，都要有充分体现。课程改革以来，实验教材按照课程标准组织编写，较好地体现了课程改革的新理念；新教材在注重反映经济、社会、科技发展新要求的同时，注重联系学生的生活经验，重视实践能力和创新能力的培养，提倡以学生为主的探究式学习，加深对学生情感、态度、价值观的培养。教材对学生的亲和力明显增强。一大批新教材的试用，受到学生的喜爱、家长的普遍好评。课程改革中这一大批新教材提升了我国教材编写的水平，有效地保障和支持了课程改革的健康、顺利进行。在这次课程改革中，根据我国区域、城市之间差异明显和多地域、多民族、文化多样化的特点，课程管理上给地方和学校必要的自主权。在教材编写、建设和管理上，也给地方和广大教育出版工作者以更多发挥自主性、创造性的空间。教材编写在 20 世纪 80 年代提倡"一纲多本"的基础上，明确提出"国家鼓励和支持有条件的单位、团体和个人编写符合中小学教育改革需要的高质量、有特色的教材，特别是适合农村和少数民族地区使用的教材"。正是在这样的方针指引下，一批有志于教材编写和建设的教师、专家学者，有丰富实践经验的中小学教师和教育科研、新闻出版单位踊跃参与新课程教材编写、出版工作；一大批适应课程改革要求，富有时代特征和地方特色的实验教材问世。据教育部基础教育司统计，2001 年至今，已编写出版义务教育阶段新教材 197 种，平均每学科 8 种；高中新教材 67 种，平均每学科 4.5 种。基本适应了新课程的需求，初步满足了地方和学校对教材丰富多样的要求。应该说，课程改革实施以来的这段时期，是我国教材建设最有生气、最有活力、建设成果最丰富的时期。

　　洪宗礼老师在他长期致力于中学语文教材编写，并积累了丰富经验的基础上，在江苏省教育厅和江苏教育出版社的大力支持下，组织了一支高水平的队伍，主持编写了一套新的初中语文教材。这套教材不仅在江苏，而且在全国 26 个省、市、自治区使用，受到广泛好评。洪宗礼老师主编的语文教材的成功实践和苏版教材的迅速崛起，生动反映了 21 世纪课程改革以来我国基础教育教材建设的生气蓬勃的局面，也有力地证

"洪氏教材"30 年，发行 1.4 亿册

明了国家在新时期坚持的鼓励和支持多方力量参与教材编写和建设的方针是正确的。中国基础教育课程和教材建设必须依靠全国的力量，依靠在基础教育一线积累丰富经验的优秀教育家。沿着这个方向前进，我国教材编写建设的水平将会不断提高。

第三点启发是关于教育科学研究。洪宗礼老师在教育科学研究领域取得了显著的成就，特别是由他和柳士镇教授、倪文锦教授共同主编，江苏教育出版社出版的十卷本《母语教材研究》，是我国系统研究中外母语教材的奠基之作，也是近年来教育科学研究的一项高水平并具有深远影响的重大成果。这部著作视野宽广，内容厚重。它的出版对我国正在深入推进的基础教育课程改革将产生积极的推动作用。这部著作是高等学校、教育研究机构和中学教育、编辑出版部门的百余位专家学者共同合作的成果，也是江苏教育出版社以战略眼光和对教育事业满腔热情给予鼎力支持的结果，更是洪宗礼老师长期从事语文教学和语文教材编写的经验的结晶。关于这部著作的学术意义和影响，专家们已有评价，并还将继续给予评说。我只想说说翻阅这部著作时，由此产生的有关教育科学研究的感触。

中国的教育科研力量主要有三支队伍：一支在高等院校，一支在专门的教育科学和教育政策研究机构，还有一支在遍布全国城乡的数十万所中小学校。长期以来，在媒体拥有话语权的主要是前两支队伍，而对教育教学实践支持最多、影响最大的则是第三支队伍，即在中小学教育教学一线坚持从事教育教学研究的教师们。一般来说，他们的研究课题偏重于微观层面，成果的理论系统性往往弱一些，他们的理论素养和科研条件与前两支队伍的研究人员相比，有明显差距，但是，中国基础教育一线的教师对从事教育科研有自觉性，有动力，有传统。他们的研究不仅紧密联系自己或身边的教书育人的实践，素材生动，思想鲜活，而且能够从正在做的事入手，针对教育工作的急需破解难题。实践是他们研究的出发点，也是他们研究的归宿。稍有所得，即以致用，既破解了工作中的难题，提高了教育质量和管理水平，从事研究的教师又在研究中锻炼了自己，提高了自身的素质。这在我们新一轮基础教育课程改革中反映得很充分。立足于课程改革的教本研究与教学培训结合起来，与校本课程的资源开发结合起来。正因为有了良好的研究风气，才有了课程改革的顺利开展和水平的不断提高。这支队伍人数众多，孜孜不倦，如原上离离青草，如烂漫开放的山花，是它们覆盖了原野和山冈，使基础教育的田野洋溢春色，充满希望，成为丰收的田野。遗憾的是，我们对这支教育科研力量重视不够，关心和支持不够。他们需要支持，需要得到接应和提携。全国教育科学规划领导小组在研究和审定"十五"教育科研规划时，也曾有一种意见，认为教育科研的经费有限，全国教育科研规划应该主要集中支持专门研究机构的科研课题，对中小学的科研课题减少立项。但是，领导小组认真分析了我国教育科研的实际状况，面对中小学教师队伍申报课题十分踊跃的热情和诸多富有强烈针对性和开拓性的课题，领导小组还是坚持充分关注并大力支持一线中小学教育科研课题立项，带动各级教育行政部门支持中小学教师开展教育科学研究。如果各级教育行政部门进一步关心和重视中小学教师教育科研工作，高等院校、专门研究机构的力量与中小学教师的教育科研力量能够自觉地、紧密地结合起来，参与中小学教育一线教师开展的科学研究，互相合作，取长补短，那么我国教育科研与实践的联系和为实践服务的能力将得到明显增强，植根于基础教育实践的教育科学研究将会产生一批有重大价值和重要影响的成果，基础教育科学研究园地上也会成长出一批参天大树。洪宗礼老师在总结自己的语文教育经验时强调指出："百仞之松，本伤于下而末槁于上。"我想，在教育科研领域里，要"本固于下，必末荣于上"。洪宗礼老师和各方面专家合作的《母语教材研究》的成功问世，就是一个生动的例证。

以上三点感想，是我从洪宗礼老师卓越的教育工作成就中得到的教益和启发。借此机会，我还要向一贯尊师重教、培养、关心、支持洪宗礼老师的泰州市委、市政府和教育行政部门，泰州中学的同志们表示深深的敬意。向有远见、有热情，长期以来对洪宗礼老师和他领导的团队从事语文教材编写工作和母语研究工作给予大力支持的江苏凤凰出版传媒集团、江苏教育出版社的同志们表示深深的敬意。

（本文为作者在 2008 年召开的"洪宗礼语文教育思想研讨会"上的讲话，后收入《这就是教育家——品读洪宗礼》，教育科学出版社，2009 年版，有改动）

二、 学为人师　行为世范

（胡金波，中国教育学会副会长，江苏省委组织部副部长，江苏省教育厅原副厅长）

2012 年 12 月 28 日，时任国家主席的胡锦涛同志来泰州考察时亲切看望了洪宗礼先生，握着母校这位默默奉献的老师的手，胡主席高度赞誉他"把一生都献给了教育事业，献给了泰州中学"，并深情地感慨"名校不在乎有房子，关键在乎有名师"。洪先生在人生道路上，为我们树起了三座丰碑——从事母语教学、编写母语教材、研究母语教育。

1960 年，洪宗礼先生从扬州师范学院毕业分配到泰州中学工作，一直坚守和耕耘在语文教学第一线。50 多年来，他见素抱朴，婉拒为官，谢绝宴请，淡定、超然地坚守着自己清风育桃李的梦想。在他的日历里永远没有节假日，也没有白昼和黑夜，经常工作到深夜 12 点，几十年的除夕夜也都在探索研究中迎来新年。他心里只装着语文，一生只有一个目标：立德树人。全国人民代表大会常务委员会原副委员长、国家语言文字工作委员会原主任许嘉璐说："洪宗礼老师对中学教育的钟情，对自己母语的热爱，对教学改革的执着，探索之路的坎坷，积劳成疾，几次与死神擦肩而过，其矢志不改的倔强性格，50 年执教和研究道路的喜怒哀乐，都刻在这一页一页的 A4 纸上了。洪老师，正是那种在路上遇见时应在三步之外就要向他深深鞠上一躬的人！"

洪先生主编的初中语文教材，经国家审查通过，使用面覆盖 26 个省、市、自治区。20 多年来印刷超亿册，目前每年有 830 多万名学生在使用。数以千万计的学生读着洪宗礼老师主编的教材成长起来。

洪宗礼老师主持的中外母语教材研究课题是全国教育科学规划"九五""十五"重点课题，江苏省为此专门成立了"江苏母语课程教材研究所"。课题组历经 12 年，集中了海内外 160 多位专家学者的智慧，研究了中国百年来和世界 40 多个国家及地区的当代母语课程教材，覆盖了全球 8 大语系 26 个语种，形成了 840 余万字的研究成果。这项课题是开创性、奠基性研究，具有重大的理论意义和实践意义，必将产生重要和深远的影响。

通过高强度的实践与研究，洪宗礼先生创立了工具说、导学说、学思同步说、渗透说、端点说的"五说"语文教育观，探索出了引导阅读、引导写作的"双引"语文教学观，构建了"知识—引导—历练—能力—习惯—素养"的语文教学"链"，为发挥语文教学系统功能、获取语文整体综合教学效应、筑牢学生终身学习基础开辟了一个有效路径。

洪氏语文教育的这种科学体系在海内外语文界产生了重大的影响。美国互联网、澳大利亚书展都详细介绍了洪宗礼和他的语文思想；日本等国学者慕名前来买书，参加"洪宗礼语文教育思想研讨会"，高度评价他"是值得为我们做楷模的"。中央电视台、新华社、香港新闻出版社、《人民日报》《光明日报》媒体多次报道了其优秀事迹。

今天，在新课程改革不断深化的背景下，我们更应该深入学习和研究洪宗礼。

第一，我们可以从学习和研究中认识教师应该如何为人为学，使自己道德完善。启功先生认为教师应该"学为人师，行为世范"，后来这八个字成为北京师范大学的校训。洪宗礼的教育人生，是这八个字的形象体现。他热爱教师工作，热爱母语，热爱学生，甘守清贫，甘居低位，只是想在塑人育才方面尽绵薄之力，在母语教育改革中做出贡献。他不断进取，对工作精益求精，在编好三套语文教材，著作等身，可谓功成名就的情况下，于退休以后，以赢弱多病之身，承担国家母语教育比较研究的课题。他放弃了编写教材应得的稿酬，捐资助学，用作教育科研经费。他为人低调，虚心谨慎，处事平和，又不失原则。

第二，我们可以从学习和研究中了解名师成长的密码，从而促进教师的专业成长。名师成长的关键密码，恰如 DNA 之为生命遗传的暗码一样。这种密码是人才成长积淀的产物，它反映了在一定历史时期内具有普遍性的人的素质。破解和把握这种密码，会有助于教师找到适合个人专业成长的路径。

把洪宗礼先生从教生涯作为个案来剖析，可以发现他的起点与一般教师大体一致，是一个普通的师范院校毕业生。他不满足于适应教学，掌握教学艺术，而是立大志，从身边的一件件小事做起，逐步开拓，不断学习以提升自我，将自己的见解逐步提升到理论层面，在先进的教育理论、心理学、伦理学、哲学理论的指导下，构建成自己的带有理论色彩和丰富实践内容的系统的语文教育思想。如果说要提取洪宗礼名师成长密码的话，我想是：大志、坚守、务实、学习、升华。

第三，我们可以从学习和研究中发现新的教育科研模式。洪宗礼先生高屋建瓴，抓住世纪性难题，寻绎我国现代语文教科书发展脉络，进行中外母语教材比较研究，着意于把握母语教育的规律，为后续研究提供了很好的基础。再有，洪宗礼先生跨地区、跨国合作科研的尝试，开启了教育科研的一条新路。

洪宗礼先生是广大教师，特别是语文教师熟知的语文教育家，可以称道的地方实在太多。我想最好的概括莫过于顾明远先生的题词："中国语文教育改革的一面旗帜。"洪宗礼先生师德高尚，敬业奉献，他的人品有口皆碑。他以独特的人格魅力和卓越的学识水平，团结了一大批专家学者，在平凡的岗位上做出了不平凡的业绩。洪宗礼老师是江苏人民教师这一优秀群体中的杰出代表。当前，江苏省教育事业改革发展处于一个新的历史起点，正在由教育大省向教育强省迈进。在建设教育强省、率先基本实现教育现代化的进程中，我们需要更多的像洪宗礼老师这样的爱岗敬业、积极创新、教书育人、无私奉献的人民教师。希望全省人民教师都向洪宗礼老师学习，为人民的教育事业贡献自己的聪明才智。

（本文为作者在 2013 年召开的"洪氏教材 30 年暨洪宗礼语文教育思想研讨会"上的讲话，后以《洪宗礼：探索母语教育的复兴》为题名，发表在 2013 年 3 月 27 日的《光明日报》上，有改动）

三、 评洪宗礼语文"双引"教育观

（刘正伟，浙江大学文学院副院长，教授，博士生导师）

1. 语文"双引"教育观释义

洪宗礼语文"双引"教育观，又称"双引"教学法。所谓"双引"，即引读、引写。概括地说，"双引"教学包括两层含义：第一层含意是最大限度地调动学生学习的积极性，引导学生自己阅读和写作。第二层含意是教给学生学习的规律和方法，引导学生广泛而熟练地阅读和写作。具体地说，"双引"教学就是指在教师的启发诱导下，学生通过一篇篇课文的阅读和作文的训练，学会独立阅读和写作。洪宗礼对"双引"教学的阐释是：通过一套教材中各类文章的阅读和写作，学生能够具有基本的阅读能力和写作能力，养成良好的读写习惯；通过课内的读写训练，学生能在课外广泛而熟练地运用读写工具阅读一般政治、科技、文艺作品和通俗的期刊，能够写作记叙文、简单的说明文、议论文和常见的应用文。总之，洪宗礼的语文"双引"教育观是在教师引导下，学生由篇及类、由少及多、由课内及课外进行的系统的、多层次的读写训练。①

在洪宗礼"双引"教学系统中，引读教学系统由"五个目标"和"二十三种引读法"构成。其中，引读的五个目标分别是重点读、主动读、深入

---

① 洪宗礼：《洪宗礼语文教学论集》，150 页，南京，江苏教育出版社，1995。

读、仔细读和独立读；二十三种引读法包括扶读法、设境法、提示法、读议法、揭疑法、反刍法、反三法、比勘法、历练法、小结法、激趣法、求异法、探究法、溯源法等。引写教学系统则包括"死去活来"等八种引写教学思路和"引写十法"（知识引写、例文引写、情境引写、激思引写、导源引写、厚积引写、阶步引写、观察引写、活动引写、说文引写），以及"阶步训练""读写思同步发展""从读练文""自主作文"四种引写模式。其中的"阶步引写"，亦称"三阶十六步"。"三阶"，即基础阶、提高阶、灵活阶，每一台阶再由十六个步点组成，从而引导学生拾阶而上。

洪宗礼的语文"双引"教育观是他长期从事语文教育的思想与经验结晶。因此，它不仅仅是一种教学法，更是一种教育观。"双引"教育不但蕴含着洪宗礼对语文教育理论与实践的思考，而且包含着他对培养人和塑造人的深入思考与期待。他提出的"五说"，即工具说、导学说、学思同步说、渗透说、端点说，就是他对语文教学中文与道、教与学、知与行、学与思、课内与课外、治标与治本等关系与矛盾的认识与思考，是"双引"教育观的具体体现，而且是他对人才培养规格和目标的设计。

2. "双引"的最终目的是立人，培养和塑造具有主体人格的学生

洪宗礼自走上教师工作岗位起，就树立了"育人第一"的教育观。他认为，教师自己学会做人是教师的首要职业条件。只有具备这个条件，才有资格从事教书育人工作。他说，教育历来是塑造人的事业，育人应当是第一位的。因此，他说，教一辈子书，就要育一辈子人。基于"育人第一"的教育观，洪宗礼认为，语文教育的内涵不仅包括学习语言知识和读、写、听、说能力的培养，还应包括充满诗意的美育和润物细无声的德育。洪宗礼指出，每一堂语文课都应该有美的追求，让学生受到美的熏陶，获得美的享受。德育则应该伴随语文教育的始终。总之，在他看来，语文训练不仅是语言文字的训练，而且是人格、人品、人性的熏陶。

在洪宗礼编写语文教材的实践中，塑造人、培养人的理念始终是其核心指导思想。这一指导思想体现在他的"以人为本"及"教材是学本"的教材编写理念上。所谓"以人为本"，是指以学生的心理和语言发展规律为主线，以提高学生整体思想文化素质为教学目标。"以人为本"，以人

的发展为本，面向全体学生，全面提高学生语文素养，注重知、情、意、行的结合，为学生的终身学习与发展奠定基础。而他的"单元合成"语文教材即体现了他的"教材是学本"的观念。在教学内容上，为体现"育人"这一根本目标，洪宗礼提出依据"名、新、美、趣、短"的标准，把时代感强、生活气息浓、文化内涵丰富的中外典范作品编入课本。他指出，教材是"帮助学生自主学习之本""引导学生学会学习之本""促进学生创造性学习之本"。"它是引领学生进行探究学习、独立思考的'路标'，是促进学生自主发展、自我构建的'催化剂'。"因此，在教学中，要做一个成熟的教师和学者型的教师，必须学会帮助学生将教材变成真正的"学本"。在洪宗礼眼里，"其实只要是成熟的语文教师，往往都能引导学生自己去学会用教科书，把教本转化为读本、学本。而更高层次的学者型教师，他们还能在用教科书'教'和教学生学会用教科书'学'的过程中，和学生一起用慧眼去鉴别教科书的编写水平，判断教科书内容和体系的适切性，评价教科书的优劣长短，甚至指陈教科书中的瑕疵，并提出种种修改教材的意见和建议①。如果说在教材编写实践上，"以人为本"体现在把教材当作学生的"学本"上，那么在教学过程中，它则体现在把学生视作"能动的学习主体"上。"双引"教育观的目标主要是培养学生"会学"，而不只是"学会"。洪宗礼曾说过："我从来不是教语文，而是引导学生学语文，让学生学会语文。"② 的确，在"双引"教学实践中，无论是引读教学还是引写教学，洪宗礼自始至终都将学生看作"积极、能动的学习主体"，以启发他们学习的能动性，引导他们尽可能地自己去探索，去发现，去练习阅读写作的技能，逐步养成独立看书作文的习惯；并注意把教师的主导性与学生的主动性结合起来，把学习过程中的"知"与"行"统一起来，最终达到"自能读书，不待老师讲""自能作文，不待老师改"的理想境界，实现从"教"到"不需要教"的转化。

如何实现"学会"到"会学"的飞跃，使学生在学习上、性格上、意志上、人格上都能成为真正独立自主的学习主体？洪宗礼在引读教学实践

---

① 洪宗礼：《我的语文教育观》，载《全球教育展望》，2008(1)。
② 洪宗礼：《洪宗礼文集》第 6 卷，30 页，南京，江苏教育出版社，2008。

中回答了这一课题。他在教学中十分重视给学生"指路子、授方法、交钥匙"。"指路子"就是在指导学生阅读时，循文觅路，把握作者的思路，从而更准确地抓住文章的中心。"授方法"，首要的是把阅读文章的主要方法传授给学生，如提要钩玄的方法，不动笔墨不读书的方法，默读、速读、朗读、跳读、浏览等阅读方法，以及审题读注、勾画圈点、思考辨析、查阅工具书、自读自测等方法。"交钥匙"，就是要教给学生阅读文章的基本规律，让学生掌握分析文章的解剖刀。在引写教学中，洪宗礼非常注重在开源、体验、梳理思路、表达技巧等方面的引导。他虽然制定了"三有"的写作规范和习惯，但他主张放手让学生大胆写作，提倡所谓"死去活来"。他还重视修改文章训练，强调通过指导学生作文修改，提高其作文表达能力。他认为，好的作文不是教师教出来的，也不是教师改出来的，而是学生自己改出来的。为培养学生的作文修改能力，在编写语文实验教材时，洪宗礼还专门设计了修改练习，既与单元写作练习紧密结合，又自成体系。例如，七年级上册共安排了五次修改练习：①认识修改的意义。②掌握修改的符号。③养成修改的习惯。④学会修改的方法。⑤进行修改文章综合训练。引写不仅包括书面作文，还包括口头作文。洪宗礼独创的"说文引写法"，就是探讨通过"说"来促进写的一种引写尝试。在教材编写上，从七年级上册口语交际"婉转拒绝"，到八年级学生的口语交际活动，都有以"说"促"写"的设计。例如，"当一次主持人""假如我是导游"等活动，以及"清楚连贯地表达思想观点，不离话题""听出讨论的焦点，有针对性地发表意见"等要求，始终注意积极鼓励学生发表自己的见解，充分拓展学生自主表达与交流的空间，满足其进行口语交际的愿望，锻炼其口语交际能力和写作能力。

3. "双引"是建设民主、和谐的师生关系的核心

(1)相信、尊重、爱护每一个学生。

相信、尊重、爱护每一个学生，就是建立"我—你"型师生关系。相信学生，是"双引"教学的前提，是发挥学生学习主体性、调动学生学习内在动力的先决条件。洪宗礼始终认为，阅读和写作是学生自己的事，学生只有依靠自己的努力，才能养成读写好习惯，培养读写真能力。学

生是学习过程中的内因，教师的引导虽然是必不可少的外因条件，但只有通过内因才能起作用。因此，教师必须把学生看成真正的学习的主人，充分相信大多数学生有自求得之的潜能。即使是基础差、能力低的学生，也会有其可引导的地方。只要教师启发得当，迟早会闪出一星智慧的火花。

在"双引"教学中，洪宗礼坚持主体性原则和过程性原则相统一。所谓主体性原则和过程性原则相统一，表现在教学过程中，就是教师对学生和教学过程给予持续性的教学关注。这种教学关注不仅要求教师关注每一个学生，关注每一个学生的语言、行为、表情、思维、心理等各方面的信息，还要求教师与学生展开积极的、动态的信息交流。这种教学关注实际上是在充分尊重、爱护学生的前提下，努力建立课堂教学的和谐的师生关系。这种和谐的师生关系是一种"我—你"型关系，而不是"我—你们"型关系，更不是"我—他(们)"型师生关系。"我—你"型师生关系的实质是一种师生双方人格、精神平等的理解型、交流型关系。在这种关系中，教师以独立的人格、精神影响学生，学生的人格、精神在老师的影响下又得到了充分关注和发展。

（2）做一个"善于思考的教师"。

建设民主、和谐的师生关系，起决定性作用的是教师。在"双引"教学范式中，教师是构建、营造师生关系的主导者。传统的授受范式中，教师是知识的传授者，课堂的控制者。"双引"教学范式中，教师首先是学生理解知识和掌握能力的"引导者"，是课堂活动的组织者，是学生学习的交流者。在"双引"教学范式中，教师的身份特点和作用决定了教师该具备的素养和能力。做一个"善于思考的教师"，可以从两个层面解释：第一层含义，"教育的实践表现为'智力企业'。教师是科学、学术、艺术的表达者；是理解并教导学生理解科学、学术、艺术的术语与样式的传统的实践者"[①]。它体现了教师的知性性格。第二层含义，"善于思考的教师"是指"能够从他人的视点看待人生的人；在他人需要时能够以语言或

---

① ［日］佐藤学：《课程与教师》，钟启泉译，392 页，北京，教育科学出版社，2003。

行动提供帮助的人""同时也是能够同课堂中发生的种种困境智慧地做出持续格斗的教师"。这体现了教师的助人特点和机智特点。只有具备这两层含义的教师，才可以称为善于引导、组织、交流的助人型教师；才会以苦心孤诣的适应清静的最佳方法去解决"卓越性与公平性""严格达标与促进人际关系""刚强与柔情""竞争与合作""合理的科学性与个体的直觉认知"等在课堂教学中直面的对立与纠葛。

洪宗礼上《阿Q正传》一文，课结束了，学生正在等待下课铃声。他先引出并板书明末的"崇祯"皇帝，接着引出了文中的"崇正"皇帝，然后启发学生思考讨论其原因和联系。漪漪一："会不会是笔误呢？鲁迅先生也是人，不是神。"涟漪二："会不会是印刷排版中的差误呢？"涟漪三："艺术不等于历史。《阿Q正传》中的'崇正'，不等于历史上的'崇祯'。"涟漪四："艺术真实固然不等于历史真实，但是，艺术真实必须符合历史真实，而不能违背历史真实。"教师同时又引导学生从文章后半部分中的"'柿油党'代替'自由党'"进行思考，学生最后得出结论："鲁迅先生把'崇祯'写成'崇正'，很可能是有深刻的含义的。课文里用'柿油党'代替'自由党'，讽刺艺术的效果很好。我想，用'崇正'来代替'崇祯'，至少是对封建帝王的一种讥讽和嘲弄……"在这精彩的教学镜头里，学生在解答的过程中闪动着思考和探究的光芒，思维过程由表象性逐步走向科学性、批判性和论辩性。洪宗礼能设计这样"一石激起千层浪"的问题，首先，因为他本人是一个"善于思考的教师"；其次，当学生遭遇解决问题的困境时，他能适时地提供帮助，使学生由思维的低谷迈向高峰。

(3)创建"润泽教室"：富有弹性的空间。

在充分相信、尊重、爱护学生的前提下，"善于思考的教师"可以建立民主、和谐的课堂教学气氛。这种民主、和谐的气氛，是在师生双方的合作交流中自然而然生成的，是一种宽容、轻松、开放的境界，而不是以某一方的热闹而导致课堂失控的假民主、假和谐。

在课堂教学中，师生关系的建立往往会出现两种情况，日本教育家佐藤学称之为"假性主体性"和"神话主体性"。前者是指在教学活动中，"教师以讲台为界，未能构筑起同儿童的水乳交融的关系。尽管儿童们的动作与表情总是在微妙地致意传情，但是其动作与教师的动作之间并没有发生共振的关系"①。在这种情形之下，学生根本没有实现相互之间的信息传递，因此，学生的反应实际上是"假性主体性"反应。反之，过分强调教师和学生主体，使课堂陷入绝对自由的另一困境，则是"神话主体性"反应。要避免上述两种情形的出现，改善师生之间的关系，佐藤学指出，最理想的目标是构建"润泽的教室"。"润泽的教室"，是教师和学生都不受"主体性"神话的束缚。"大家安心地、轻松自如地构筑人与人之间的关系，构筑着一种基本的信赖关系，在这种关系中，即使耸耸肩膀，拿不出自己的意见来，每个人的存在也能够得到大家的尊重，得到承认。"② 这是一种安心的、无拘无束的、轻柔的、宽容的师生关系和氛围。在这里，每个人的呼吸和节律都是那么的柔和、自然。这样的教室空间是富有弹性的教学空间，是以学习为中心的教学得以成立的一个重要条件。它既可以展开更开放的，基于身心自然节奏的教学；又可以展开有如江河流淌般的教学，时而曲折起伏，时而平缓沉稳，时而湍急汹涌，时而游移不定。这样的课堂是学生学习主体性和教师教学主导性的最佳结合和最合理的发挥。

"等他 60 秒"也是洪宗礼老师的教学艺术之一。洪宗礼老师在上《皇帝的新装》一课结尾时，提出了一个问题："童话的结尾为什么让一个孩子来戳穿骗局？"一个男孩猛地举起手臂，但话刚出口就卡住了。洪老师鼓励他"不要紧张，慢慢讲"，但仍无下文。教室里响起了嘲讽的笑声，同学们露出不屑等待的眼神，有人高举手臂欲发言。洪老师则以目光示意其他同学要耐心等待，一边温和地对男孩说："刚才，肯定有什么从你脑中闪过，可你并没有抓牢它，它溜了。你坐下，再仔细想一想。"30 秒……50 秒……60 秒，教室里静悄悄的，男孩终于站起来做了令人满意的回答。洪老师高兴地说："嘿，你真把那一闪而过的东西又抓回来了，而且想得更清楚、更完整了！"60 秒虽短暂，但对这位学生而言具有

---

① ［日］佐藤学：《课程与教师》，钟启泉译，378 页，北京：教育科学出版社，2003。

② ［日］佐藤学：《静悄悄的革命：创造活动、合作、反思的综合学习新课程》，李季湄译，25 页，长春，长春出版社，2003。

终身的永恒价值。"等他60秒",是艺术,是一种引导的艺术。它更是一种宽容、信赖、鼓励、和谐的师生关系。"60秒",是这位学生一生的精神财富。它维护了孩子的自尊,防止了伤害,激发了孩子的积极思维,促进孩子的学习和个性成长。

4. "双引"是教师教学机智与教学智慧的体现

如前所述,"双引"教学虽称为一种教学法,但在课堂教学中,它却是教学艺术的体现,是教师教学机智和教育智慧的化身。关于教学艺术的概念,教育界主要有三种解释:第一种认为它是一种实践层面的积极教学活动;第二种认为它是一种精神活动或精神现象;第三种则介于这两者之间,认为它既是具体的教学实践行为,又是抽象的教育智慧。总之,它是教师专业素养的一种深层追求,是"教学艺术上最为鲜活而亮丽的花朵",是教学艺术的最高境界,集中体现了教师的教育智慧。正因为如此,许多专家非常重视教学机智的作用。加拿大教育学家范梅南曾经指出,符合教学规范的教学机智具有七个方面的作用:机智保留了孩子的空间;机智保护那些脆弱的东西;机智防止伤害;机智将破碎的东西变成整体;机智使好的品质得到巩固和加强;机智加强孩子的独特之处;机智促进孩子的学习和个性成长。

一般地说,教学机智可以分为积极和消极两种。过去对教学机智的认识,往往存在着两种偏差:一种把教学中的随机行为都当作教学机智,出现了教学机智的"泛化"现象;另一种又把教学机智仅仅当作对意外事件的处理,出现了教学机智的"窄化"现象。这种"窄化"了的教学机智是消极的、被动的,主要用来疏导冲突,消弥矛盾,使教学恢复常态。真正的教学机智应该是主动、积极的教学行为,有一定预期性。即教师在没有碰到任何意外问题或遭遇尴尬处境的情况下,因为一定情境的触发,突然之间对一个习以为常的问题有了新的认识,产生顿悟,并立即采取了相应行动。教学机智和教育智慧是互相联系,不可分开的。

范梅南指出,教学机智描述了一个人在教育学理解中的实际行动,它具有即刻性、情境性、偶然性、即兴发挥性。他说:"机智的行动是充满智慧的、全身心投入的……没有智慧就没有机智,而没有了机智,智慧最多也只是一种内部的状态而已。"① 这句话一针见血地道出了教学机智与教学智慧的联系与区别。前者是外显的、动作性的，后者是内隐的、静态的。在课堂教学中，真正发挥有效作用的是在课堂教学中一切蕴含教学智慧的教学机智行为。

那么，在教学实践中怎样才能形成良好的教学机智呢？概括地说，它需要教师具备热爱学生的真挚感情、勇于实践的探索精神、良好的思维品质、虚心学习的态度和广博的知识。洪宗礼的"双引"教学艺术将内在的、静态的教育智慧转化为外显的、动作性的教学机智，将教学机智的内涵由被动的、意外的、消极的事件处理扩展到主动的、有意的、积极的教育引导行动。"双引"教学艺术使教学艺术与教学机智实现真正的统一和融合，使教师的"导"和学生的"学"实现最佳的教学状态和教学效率。

试看以下洪宗礼关于引导教学艺术的两则掠影。

一是做一做"排"的动作。孔乙己"对柜里说，'温两碗酒，要一碟茴香豆。'便排出九文大钱。"洪宗礼老师说，"排"字平常但很有深意。他要求学生做一做孔乙己"排"九文钱的动作，并提示学生，人物的外在动作是他内心情感的直接反映。几分钟后，学生开始表演。甲生：把九枚硬币在桌面上排成一线，然后双手把硬币向前一推。乙生：拿起九枚硬币，一线儿平列在右手掌心上，先得意地看了看，然后倾斜手掌，"哗"地一溜儿泻在台面上。丙生：平展右手，掌心里躺着几枚硬币；他又把掌一收，五指合拢，用拇指和食指一搓捻，再用拇指把一枚枚硬币按到台面上。九次动作，九个声响，九枚硬币整整齐齐赫然"排"在台面上。在教学中，多数教师采用提问、讲解等语言形式来分析字词，而洪宗礼在讲授"排"字的妙用时，运用一组动作表演展现形象性的情境，使学生在情境的对比中积极思考，深刻地体会"一字传神"的语言艺术。

二是"缺颗门牙"的描写。洪宗礼在上《你看他(她)像谁——为本班一位同学画像》的"人物速写"作文课上，一位同学写了他的同桌，文中三次

---

① ［加］马克斯·范梅南：《教学机智——教育智慧的意蕴》，李树英译，168 页，北京，教育科学出版社，2001。

写到同桌"缺颗门牙"。同桌抗议，认为不该写他的牙齿，是侮辱人。两人争执激烈，并推搡起来。洪宗礼不动声色，向全班同学提出了罗贯中在《三国演义》中对张飞的描写和课文《一面》中对鲁迅的描写。罗贯中描写张飞"身材高大，豹头环眼"，豹头小而圆，并不美；"环眼"铜铃似的，又大又圆，有点吓人。但恰恰是这四个字，刻画出了张飞一副威风凛凛、英武凶猛的粗犷美。《一面》中的鲁迅先生"黄里带白的脸""竹枝似的手指""胡须很打眼，好像浓墨写的隶体'一'字"，恰恰是这些看似不美的描写突出了鲁迅顽强的性格和忘我的精神，是一种特殊美。接着，洪宗礼问学生：在青少年身上，"缺颗门牙"表现怎样的特殊美？是"稚气""孩子气"，加上"虎眼""酒窝""白皮肤""高个子""爱运动"，塑造出了一位活泼可爱、朝气蓬勃的少年形象。至此，全班都露出了会心的笑声。这就是一场精彩的教学机智表演，它不仅转化了矛盾，还进行了积极、有效的教育引导。像这样闪现着机智性的教学艺术镜头还有很多。归根到底，它应该归功于洪宗礼在课堂活动中善于"悦纳、沟通和转换"。"悦纳"，即他能用一种平和、轻松、愉悦、友好的心态来接受并应对课堂上学生突然的行为表现，营造一种和谐的教学环境，为自然、灵活地运用教学机智创造条件。"沟通"，即他善于通过交流达成教师与学生行为意义的相互理解，为教学机智通往教育目标提供途径。"转换"，即他善于将教学中的消极事件转换为有教育意义的积极行为，为教学机智赋予了教育价值，实现了教育目标。

5. "双引"是课程建构和实施的策略与艺术

(1)引导是求活的策略与艺术。

洪宗礼的"双引"教学决非一种机械、僵硬的教学模式。他认为，"双引"教学艺术的核心是"活"。"活"，是"双引"教学的生命，是"双引"教学的灵魂。在教学活动过程中，他将"活"看成是教师的"相机诱导"，教师的功夫要下在因"机"而"导"上。教师既要有"相机"的判断力和洞察力，又要有"诱导"的艺术，要善于针对不同的教材、不同的教学对象、不同的学习状况，按照教学大纲的具体要求，因文、因人、因时而定法，择"机"而"诱"之。这样的引读、引写，才能培养学生较高的读写能力。洪宗礼把这种教学活动过程中的"相机诱导"称为"活导"。"活导"使整个课堂教学呈现不断发展、不断生成的动态特征。研究"活教",活用、活教教材,把教材教活,是洪宗礼语文教学艺术的不懈追求。当然,"求活"是一种要追求的教学结果。怎样"求活",是实现目标的方式和途径,下文中"质疑"和"激思"就是重要的途径。

"活"其实是一种相对的概念,要真正实现语文教学中的"活教",必须与"求实"相结合,"活与实的统一",才是"优导"。"双引"教学中体现"活与实的统一"的引导方法,如反三法,就是通过教读,以典型性的"一"为例,进行"反三",引出规律。"反三"不是单纯的阅读量的增加、阅读面的扩大,而是要运用类比、分析、归纳、综合、判断、取舍等活的思维方法。它是一种创造性的阅读与思维活动。反刍法,主要是在学生初读课文后,教师提出若干问题,引导学生反复比较、品味、辨析,揣摩文章的深意和作者遣词造句的匠心。比勘法,就是把精读文章作为出发点,向四面八方发射出去,运用精读课中掌握的知识和能力,阅读与其相似、相反的文章,提高学生的阅读能力。

(2)引导是激思的策略与艺术。

洪宗礼的"双引"教学坚持发展思维的原则,在引导活动中运用多种方法"激思",如引读中的设境法、求异法、比勘法、点拨法等,引写中的情境引写法、激思引写法等。情境引写法,是教师把学生引入家庭、学校、社会的特定情境,让学生触景生情,书写切身感受。激思引写法,是在写作指导中,运用观察、想象、联想等方式激发学生思维;通过家庭、学校、社会的一人一事一问题,让学生开拓思路,深入讨论,打开写作思路。当然,在实际教学中,每一节课都是多种引导方法的优化组合,体现"优导"特点,以达到最理想效果。

在众多的激思方式中,最常用、最有效、最有操作性的应是情境激思法。情境激思法要求教者在教学过程中积极引入或创设一定的教学情境,让学生思维常处于"动势"之中,以此来发展学生的心理机能,培养学生的道德情感,点燃学生思维的火花,从而获得最佳的教学效果。这里的情境既可以是具体可观可感的物的情境,也可以是通过教师或文本的语言文字创设的想象情境。在这两种情境中，教师积极地引导，创设一种动态的、积极愉悦的情境，可以有效地引发学生的思考。这里采撷洪宗礼在引读和引写教学中的几个激思片段，略做分析。

第一个片段是"要求语言精练，为什么还要用三个例子"。洪宗礼上《谈骨气》一课时，提出写议论文的语言要精练，学生在阅读中提出了问题：论述中国人民有骨气，为什么用了三个例子？用一个例子不更精练吗？教师引导学生深入讨论，以语言讨论激发学生思考。学生得出结论：第一，三个例子分别说明三个问题。文天祥的例子说明"富贵不能淫"；不食嗟来之食的例子说明"贫贱不能移"；闻一多的例子说明"威武不能屈"。第二，用三个例子更能说明在我国漫长的历史上，每个时代都有很多有骨气的人，有力地证明了"我们是有着优良革命传统的民族"这个论点。这就是语言激思的效果，比任何精讲都要精彩。

第二个片段是"银杏树下的激思"。课间活动，洪宗礼带着文学社团的九年级同学站在一棵银杏树下，动情地赞叹了古银杏树久经风霜的顽强的生命力，然后抓住"毕业前夕""树欢送人"等情绪点，让学生描绘这棵古银杏树，学生们的情绪一下子被感染了。接着，他又虚拟"一位校友正向这棵银杏走来"，请同学们想象，"他(她)可能是谁""又会做怎样的动作"。在校园中伫立的古银杏树，成了洪宗礼写作教学中的素材，既描绘了眼前的银杏树，又打破时空限制，想象和演绎了银杏树下的人和事。

第三个片段是"一颗枣核该有多重"。洪宗礼上《枣核》一课时，手拿几颗生枣核，走进教室，问学生："它重不重？"学生众口一词："不重。"他说："它究竟是重还是不重，答案在《枣核》这篇课文里。"在朗读第一段时，他故意漏读"航空信"的"航空"，"再三托付"的"再三"，把"不占分量"错读成"没有分量"，"制造"(或"故设")语言错误。洪宗礼在此运用了"物"的情境和"语言"情境，启发学生思考，让学生通过自己的思考，体会到了这颗"不占分量"的枣核在一个美籍华人心中的"分量"，理解了"枣核"所代表的故土情结和爱国情结的深层内涵。

(3)引导是质疑的策略与艺术。

教师如何导疑？首先，教师要指导学生质疑的途径及方法，如观点质疑法、数据质疑法、事例质疑法、引文质疑法等，指导学生从观点的正确性、数据的精确性、事例的典型性、引文的准确性等处提出疑问。其次，教师要注意指导设疑、发问的方法，如悬念导疑法、谬误导疑法、递进导疑法、反诘导疑法等。最后，教师要处理好寻疑、质疑、破疑、释疑等之间的关系，控制质疑的度。教师既要指导学生寻疑、质疑，又要指导学生控制在一定的限度内，否则，学生的"奇思异想"会造成教学目标的偏离。有些疑难问题无多大讨论意义，学生又无法自己解决，教师就直接释疑；有些疑难问题极易引发学生联想、想象，教师要用目标限定范围；有些疑难正面解释并不见效，教师不妨用反诘导疑法。

洪宗礼认为，学贵有疑，疑就是有问题。教师不仅要引导学生在阅读中提出问题，即寻疑和质疑，还要指导学生分析问题、解决问题，即破疑、释疑。教师要引导学生从无疑处生疑，在关键处揭疑，在平常处激疑。教师要帮助学生在阅读中揭疑，又要在揭疑中深入阅读，以发展学生思维的批判性、敏捷性和深刻性。洪宗礼将教师的"导疑"艺术和学生的质疑能力培养结合起来，运用多种导疑方法，演绎了一堂堂富有启发性的课堂教学艺术情境。在教授《荔枝蜜》一文中，教师运用递进式导疑法，层层深入教学。学生最先只能提出知识性和常识性的一般问题，例如，"'稀罕'的'稀'，另一本书上不加'禾'旁"；"'赞叹'的'赞'，是'赞美'，而'叹'是'叹息'，不好讲"；"课文中说'蜜蜂一年四季都不闲着'，难道冬天还采蜜"等。教师对这些问题释疑后，引导学生从更深处发现新问题。有的学生提出："课文中形容和评价蜜蜂，既说它'渺小'，又讲它'伟大'，不矛盾吗？"教师即抓住这一实质性问题进行释疑，指导学生理解文章的主题。教《孔乙己》一文，则运用直接释疑法，教师一开始就提出："鲁迅先生在这篇小说的结尾写道：'大约孔乙己的确死了。''大约'表示估猜，'的确'表示肯定，这不矛盾？究竟是怎么回事呢？"这为学生阅读全文设置了总悬念。接着，在学生阅读过程中或明知故问，或藏答于问，提出若干问题，使悬念迭生。然后，再逐条释疑，层层递进，引导学生分析课文，向深处开掘。

四、语文教育"链"模型建构与价值功能

（倪文锦，全国高等师范院校教学法研究会副会长，杭州师范大学教授，博士生导师）

在自然界，有食物链之说；在生物学界，有生物链之说；在金融界，有资金链之说；在产业界，有产业链之说……链者，环环相扣，首尾相连之谓也。任何一个链，它的有机构成和运作，标志着一个新系统的建立和新功能的发挥；它的断裂，则意味着该系统的解体和功能的破坏或丧失。在语文教育界，明确提出语文教育"链"构想的，当推洪宗礼先生。有关语文教育"链"的内涵，洪先生的著述及其他研究文章论述颇多，本文仅从语文教育"链"的模型建构与价值功能两方面做一粗浅的探索。

1. 语文教育"链"模型的建构

何谓语文教育"链"？洪宗礼先生认为，所谓语文教育"链"，是指为探索语文教育体系建构的基本原理，各要素之间的逻辑联系，以及探索科学的语文教学秩序而建立的系统。它能从宏观与微观的结合上，相对比较客观地反映语文教育的全貌及其内在联系，揭示语文教育的客观规律。因此，如何通过构建语文教育的生态链，形成良性循环，以有效保证语文教育目标的达成，是长期萦绕在洪先生脑际并致力解决的一个根本问题。

在现代科学方法论中，模型建构是一种重要的研究方法。模型建构的主要特点是：排除事物次要的、非本质的部分，抽出事物主要的、有特色的部分进行研究。它将事物的重要因素、关系、状态、过程突出地显露出来，便于人们进行观察、实验、调查、模拟，也便于进行理论分析。通过模型研究，人们可以获得对客观事物原型更本质、更深刻的认识。为此，洪先生积几十年语文课程教材、教法实践与理论研究经验，在系统科学思想的指导下，以教育心理学理论为依据，用模型建构的方法，绘制了语文教育"链"，这是一个难能可贵的尝试。

从方法论的视角审视，构建语文教育"链"，就是运用科学方法论，把语文教育过程中教师启发学生学习知识、引导历练、发展能力、获得

方法、养成习惯和提高思想文化素养等各种语文实践活动构建成一个系统，使之形成纵横结合的科学体系。

语文教育"链"模型具有以下特征。

(1) 系统性。

语文教育是一个复杂的系统，不仅它的内部构成要素繁多，系统运行没有刻板的程序，而且它的外延与生活的外延相等，与时代、社会、学生密切联系。这种复杂性导致"瞎子摸象"的现象在语文教育中屡见不鲜。有人"摸"到了语言文字，以为"说文解字"是语文教学的本职工作；有人"摸"到了语言文章，就把文章学视为语文教学的经典；有人"摸"到了语言文学，就坚持把语文课上成文学课；也有人"摸"到了语言文化，就以为学语文应该回归四书五经……这些孤立的、静止的、缺乏联系的观点正是缺乏系统思想的表现。

洪先生认为，语文教育是一个庞大的教育工程、社会学工程，研究这一工程，是不能孤立地进行的。"横看成岭侧成峰"，从不同侧面看语文教育、语文课程教材，都只能窥视它的一个侧面，往往会"只见树木不见森林"，甚至会一叶障目，以偏概全。用系统思想研究语文教育和语文课程教材，就要把对它的一切微观研究置于整个教育的宏观系统的研究之中。他主张"多角度、全方位地从宏观和微观的结合上进行深入细致的不同层面、不同维度的整体研究，用心寻找语文教学诸种结构元素之间的联系及其最佳结合点，不断探求其规律性，并构建其学科体系"。

在洪先生的语文教育"链"中，语文教育是一个多层次的复杂系统。它包括三个维度：一是内容维度；二是过程维度；三是关系维度。

从内容维度看，语文教育"链"把语文教育分为"知识技能""能力""习惯方法""情感与价值观"四个部分。这些因素共同构成语文教育的内容要素。

从过程维度看，语文教育"链"揭示出语文教育主要是通过"历练""养成""渗透"三种语文教学行为或手段来完成的。这些教学行为方式和教学内容之间存在着对应关系。要获得语文知识技能，掌握语文学习方法，形成语文能力，养成习惯，培养情意品德，形成价值观，就必须经过严格、科学的言语实践，持久、深入的文化熏陶，历练养成，渗透积淀。

从关系维度看，语文教育"链"用"中介""定型化""语言与思维同步发展"等揭示上述内容要素和过程要素之间的关系。要把语文知识转化成语文技能(能力)，必须经过言语实践，进行科学训练，因此，历练是"中介"。掌握方法，形成能力，并加以内化，熟练到自动化的程度，也就成了习惯，洪先生将它称作"定型化"。同时，语文教育过程中情感与价值观的渗透，也离不开语言与思维同步，因为由此才能达成语文素养的全面提升。

由此可见，语文教育"链"是由语文教育"内容""过程"和"关系"三个子系统联为一体的大系统。

(2)整体性。

作为一个系统，语文教育"链"体现了系统是由若干要素以一定结构形式联结成的具有某种功能的有机整体。它具有一般系统共同的基本特征：整体性、关联性、等级结构性、动态平衡性等。

以往，人们对语文教育的研究不可谓不多，但总体上说，这些研究大多是从不同角度进行的程度不同的局部性开掘和研究。它们往往只是单侧面的、经验性的，理论思维不够，只能部分地揭示或反映语文教育的某些本质和原理。分散的、单一的、个案的、局部的研究固然是学术研究的基本要求和重要环节，但它们不能代替整体的学术观照和系统的理论思维。系统论认为，任何系统都是一个有机的整体，系统中各要素不是孤立的存在，也不是各个部分的机械组合或简单相加。要素之间相互关联，构成了一个不可分割的整体。因此，如何站在理论的高度，从语文教育的整体出发，探讨语文教育的本质和规律就显得尤为迫切。洪先生认为，要客观、辩证地分析各种矛盾关系，力求抓住它的主要矛盾，从而变烦琐为简约，变肢解为综合，使语文教学的各个方面、各种因素结合成一个和谐、协调的有机整体，能够发挥系统的整体功能和综合教学效应。

洪先生的语文教育"链"就明显地渗透着一种整体建构的思想。他指出，语文这个科学组合的有机综合体，"恰似一个多棱镜。我们应当运用系统思想和矛盾的法则，揭示语文教学内容诸多方面要素的辩证统一关系，弄清这个多棱镜的'庐山真面目'"。他从实践出发，反对语文教育中片面、机械地强调某一方面或要素的做法。他曾经说过：语文教学是一个纷繁复杂的多面体，语文教学追求的不是"碎砖片瓦"。我们要运用系统思想，进行深入细致、不同层面、不同维度的整体研究，用心寻找语文教学诸种结构元素之间的联系及其最佳结合点，不断探求其规律性，并构建其学科体系。

如果内容维度呈现的是一个个节点，过程维度呈现的是各个要素之间转化的手段，关系维度呈现的是各个节点、要素之间的联系，那么上述三个维度就构成了语文教育"链"立体的、动态的运行框架。三个层面的综合作用揭示了语文教育整体的运行特点、方式和基本规律。语文教育"链"强调系统整合，旨在发挥语文教育的整体功能，通过要素与要素、要素与系统之间的相互作用，促使系统目标达到优化，深化人们对语文学科及其教育的认识和理解。

（3）科学性。

一般认为，语文教育系统的运行由于没有固定程序，因此，语文教育没有科学性可言。什么是科学？符合规律就是科学。所以，科学性也就是符合规律性。洪先生认为，语文教育是模糊的科学。说"模糊"，是因为语文教育的整体效应很难精确度量，语文教学也往往很难有固定的标准答案，但"模糊"并不是提倡教学"杂乱无章"，而是要求教者把握语文内在的联系，遵循语文教学自身的规律。这又是"科学"。当然，这里的"科学"也不要求什么丝丝入扣，更不必去刻意追求理科那样的严密性，所以它又有一定的模糊性。这正如人们说的"教学有法""教无定法"。"教学有法"，指的是教学是有规律的，它具有一定的法则、原理。"教无定法"，指的是具体的教学方法不是一成不变的，而是灵活多样的（"模糊的"）。前者着眼于科学性，后者则着眼于艺术性。要使教学收到最佳效果，必须做到科学性与艺术性的统一。然而，现实生活中不少人对"教学有法""教无定法"的理解，往往存在很大偏颇：一讲"教学有法"，便恪守成法不变，教条主义、公式化；一讲"教无定法"，又成"运用之妙，存乎一心"，只可意会，不可言传。教学上的程式化和主观随意性就是这种偏见的突出表现。其实，教学艺术的丰富多彩，并非就是"天马行空，独往独来"；教育科学的严谨系统，也非刻板教条。

我们讲语文教育"链"力求体现科学性，是指它能够揭示不同层面各种要素的构成，各个要素之间的关系和整个运行机制。就像人体是一个有机的生命系统一样，各个脏器、组织在生理上相互联系，通过经络系统有机地联系起来，构成一个表里相连、上下沟通、协调共济、井然有序的统一整体，保持协调、平衡运行，保证生命体的健康。语文教育同样如此，是一个复杂的、有机的言语生命生成系统。知识与技能、方法与习惯、情感与态度各个要素只有彼此协调，共同发挥作用，才能达成语文教育的目标。巴班斯基曾经把辩证的系统论观点作为教学论研究的方法论基础，以整体观点、动态观点、综合观点、相互联系观点、最优化观点等指导教学论研究，提出了教学过程最优化理论。显而易见，洪宗礼的语文教育"链"思想与巴班斯基的理论是一致的。

现在人们往往担心提倡教学的科学性会妨碍和否定教学艺术性的发挥。正是这种片面的认识，使我们的教学长期以来盲目地把主要精力用于对教学艺术的追求上，而忽视对教育规律的探讨。事实上，"科学"常常表现为一定的"程序"或"规格"，用来判断是非的标准较明确，形态相对稳定。而任何艺术的成长历程，又总是经历由步步"入格"(掌握规格或程序)，到步步"出格"(灵活运用规格或程序)。因此，语文教育"链"提倡语文教育的科学性非但不会妨碍和否定教学艺术性的发挥，恰恰相反，它能帮助和促进教学艺术的提高，缩短教学艺术形成所需要的时间。

2. 语文教育"链"的构成：覆盖三大领域，突出四大要素

(1)三大领域。

洪先生构建语文教育"链"模型是以教育心理学理论为依据的。用现代教育心理学的观点来看，课程目标的本质是对学习结果的预期，因此，教育心理学关于学习结果的分类与课程目标的分类往往具有高度的一致性。例如，布卢姆等将教学目标分为认知领域、动作技能领域和情感领域三个方面。每一领域由多个亚类别组成，子类间具有层次性。学习过程由下层向高层发展，下层目标是上层目标的支撑。加涅对学习结果进行了分类，提出了五种学习结果：言语信息、智慧技能、认知策略、动作技能和态度。他将学习结果分为认知(言语信息、智慧技能、认知策略)、动作技能和态度三方面。加涅的"言语信息、智慧技能、认知策略"三项大致可以归入布卢姆的"认知领域"；而加涅的"态度"则相当于布卢姆的"情感领域"；"动作技能"的学习则是两种分类系统所共有的。再如，安德森关于陈述性知识、程序性知识、策略性知识的分类也大致分布在认知、动作、情感等方面。尽管这些分类各有侧重，但都倾向于把学习目标或结果分为知识(信息或陈述性知识)、技能(产生式或程序性知识)、策略(特殊的程序性知识)和态度(情感)等类型。

从洪先生的语文教育"链"的内部构成看，它完全覆盖了认知、动作、情感三大领域。语文知识大致是言语信息学习，自然属于认知领域；掌握语文学习方法(养成习惯)属于认知策略的学习；语文技能、能力属于智慧技能领域；情感与价值观属于情感领域。不仅如此，洪先生对奠定语文教育"链"思想的许多论述，例如，"五说"语文教育观，以及要素构成观、整体建构观、综合效应观、语言文化观、科学模糊统一观等，谈的虽然是语文，但与布卢姆理论注重知识的积累和学习过程的循序渐进，与加涅理论注重学习主体的认知特点，发展思维和培养解决问题的能力，与安德森的广义知识论等，都非常契合，对学生综合语文素养的提高具有切实意义。

(2)四大要素。

语文教育是一个由各种要素构成的复杂系统。说它"复杂"，是因为语文教育目标多元，内容繁多，层次繁杂，过程漫长，因此，对复杂系统要素的划分要有科学依据。从语文教育的内容看，语文教育"链"突出"知识技能""能力""习惯方法""情感与价值观"四要素，这是经过严格筛选的。

毫无疑问，语文基础知识、语文基本技能是语文教育的基础。正如洪先生所说，语文基础知识与语文基本技能是构成语文能力的主要部分，它犹如语文教育大厦的墙基，教学中必须夯得扎扎实实。因此，它们是构成语文教育"链"的基本要素。一般而言，技能可以从属于能力，这里也可以把"知识技能""能力"整合为"知识与能力"。

掌握方法是培养能力的关键。换一个角度，也可以把方法视为认知策略，是智慧技能，也即智力的一种表现。学得语文知识、习得语文能力，都离不开学生艰苦的智力劳动。我们注意到，语文教育"链"中"语言与思维同步发展"，不仅指语言是思维的直接显示，同时也指语文知识、能力的获得与以思维力为核心的学习主体的智力发展是同步的。因此，智力也是构成语文教育"链"的基本要素。

语文教育具有深刻的移情性。作为表情、达意、载道的载体，语文课程中的言语作品无一不是思想观点、情感态度、价值观念与语言运用的统一体。所以，语文教育就不可能回避它的思想性与情感性。这就是洪宗礼先生"工具说"的特质，即谋求语言和形式的统一，以取得语文课程与教学的综合效应。因此，语文课程的情感与价值观也就成为构筑语文教育"链"的基本要素。

从根本上说，知识是人类的认识成果，是智慧的结晶；能力是人们从事某种实践活动所表现出的心理特征水平；智力即认识能力，是人们认识客观事物的能力。如果说知识是人的智力活动的一种"物化"，那么人的实践则是这种"物化"的唯一源泉。语文知识是人类语文实践在人们头脑中反映的产物，学生之所以需要学习语文知识，是因为它能够正确指导他们具体的语文实践。这种指导作用正是人的智力的体现。因此，智力是联结语文能力和语文知识的中介。由此，我们可以得出这样一个因果循环链(见图 6-1)。

图 6-1　智力与语文能力、语文知识的因果循环链

如图 6-1 所示，语文能力不仅依赖于语文知识，也依赖于智力；语文知识不仅依赖于语文能力，也依赖于智力；智力不仅依赖于语文能力，

也同样依赖于语文知识。随着语文实践的增加，人的智力活动发展，不断形成新的语文知识，从而进一步指导人们的语文实践，使语文能力不断提高到新的水平，并逐步使人们的语文实践从必然走向自由。这是一个循环往复、螺旋上升的过程。

一方面，知识是基础，是向能力转化的前提。一个人如果不学习知识，不从人类的认识成果中吸取营养，他的能力必然很差，所以，无知即无能。没有知识，何谈转化？无知绝不会思考、论证，更不会创造，所以知识与能力往往有它的一致性。但我们不能由此得出这样一个结论：只要知识学得多，能力就一定强。从图 6-1 可知，能力的形成并不直接依赖于知识，而是与智力直接相连，并且必须通过实践。一个学生只注重学语文知识，而不进行语文的基本实践，尽管可以部分地增强思维能力，但语文能力结构必定是不完备的。这是因为知识是静态的，能力是动态的。一味死记硬背，学的知识可能很多，但还是死的，能力并没有得到相应提高。另一方面，知识的获得也离不开一定的能力。能力总是在学习知识的过程中产生，在掌握和运用知识(包括方法的知识)的过程中成熟和发展的。所以，所谓语文能力，是指把语文知识运用于语文实践，分析和处理语文实践中的各种问题的能力。没有听、说、读、写的语文能力，对语文知识的吸收也就发生困难。可以这样说，一个人语文能力的强弱，直接制约着对语文知识吸收速度的快慢和程度的深浅。

再看能力和智力的关系。它们既有区别又有联系。简单地说，能力属于实践活动的范畴，它要解决的是会不会、能不能的问题；而智力属于认识活动的范畴，它要解决知不知、懂不懂的问题。但两者又有联系：认识总是在一定的实践活动中进行，世界上不存在脱离实践活动的认识；同时，实践活动又必须有认识参加，世上同样没有无认识参加的实践活动。学习的本质就在于手脑结合，认识与实践的统一。语文教学培养能力与发展智力是并行不悖的。

最后看智力与知识的关系。从总体上说，作为人类智力活动的结晶，知识属于整个人类，而非认识个体所拥有的知识。但学生作为认识的个体，他们的智力发展是同他们掌握的知识分不开的。现代认知心理学研究表明，学习过程是指具有内在结构的知识与人的认知结构(已有知识经验)的相互作用，从而使知识在人们头脑中获得新的意义。学生正是通过这样的过程，建构新知的意义，认识和理解周围环境。在这个过程中，他们的智力得到了开发。因此，所谓智力的高低，实质上主要指认知结构的完善与否。至于智力与知识的相互联系，则主要表现在两个方面：一方面，认识结构会对知识的摄取产生直接的影响；另一方面，知识结构可以转化为认知结构。在语文教学过程中，学生可以凭借良好的认知结构和这种结构的迁移不断获得新知识，而认知结构不完善则容易产生负迁移，影响新知识的接受。同时，合理的语文知识结构不仅可以简化知识，引发新知识的产生，有利于知识的运用，而且可以使学生建立起精确的、高度分化的认知结构。结构不合理的语文知识，则容易使学生的认知结构趋于模糊、混乱。我国历代教育家极为重视"举一反三""闻一知十""触类旁通"等，其实质就是重视通过合理的知识结构去塑造学生良好的认知结构。语文知识越是能归结为一般理论，其适用性就越普遍，对开发智力就越有价值。

关于语文知识，大家不赞成语文课程照搬语言学、修辞学、文学等知识，因为事实证明，原封不动地照搬这些知识并不能有效地培养和发展学生的言语实践能力，但这并不意味着语文课程没有知识或不需要知识。从课程论的角度看，我们既不应该也不可能回避语文知识。所以，问题的实质不在于要不要知识，而是需要什么知识的问题。轻视和忽视语文知识是不足取的。

3. 语文教育"链"的功能

模型构建是一种重要的科学操作与科学思维的方法。它是为解决特定问题，在一定的抽象、简化、假设条件下，再现原型客体的某种本质特性。它是一个中介，便于人们更好地认识和改造原型客体，构建新型客体。从实践出发，经概括、归纳、综合，可以提出各种模型。模型一经被证实，即有可能形成理论。也可以从理论出发，经类比、演绎、分析，提出各种模型，从而促进实践发展。优秀的模型是客观事物的相似模拟，是真实世界的抽象描写，是思想观念的形象显示。从模型的功能而言，如同其他模型一样，语文教育"链"也显示出以下特征。

（1）构造功能。

系统论告诉我们，任何系统都是一个有机的整体，系统中各要素都不是孤立的存在，也不是简单相加或机械组合。所以在研究某种复杂事物时，为了更方便、明确地发现和把握复杂事物的本质规律，就要把这个事物简化、概括、提炼，把它划分为若干部分、成分、过程等，揭示出事物在不同层面的各种要素构成。这是系统建构的第一步。然后具体研究各要素之间的关系，进而把握复杂事物的内部构造和运行机理。系统论的一个核心思想就是系统的整体观念。要素之间相互关联，才能构成一个不可分割的整体。语文教育"链"先通过要素分析，然后探求要素之间的联系，以一个立体的网络结构图景为我们提供关于语文教育的一种整体形象，包括系统内各个部分的次序及相互关系。

（2）解释功能。

大家知道，与其他学科相比，语文学科的知识体系、能力训练序列、范文系统、教材编辑和教学过程有自己的个性。也许知识体系不那么严密，逻辑体系不那么明显，训练序列也比较模糊，但它遵循的是一种心理的、情感的和实践的原则。怎样认识这个体系？语文教育"链"把这些原本复杂、含糊的信息以简洁的方式描述和呈现给读者，发挥了解释或说明的功能。

（3）启发功能。

一般而言，模型的启发功能，主要指引导人们关注某一过程或系统的核心环节，以达到更深刻理解的目的。例如，语文教育"链"中为什么有知识、能力、智力和情感与价值观的相互作用，这可以启发研究者考察学生的语文学习心理过程。因为学习的心理过程，一方面是感觉—思维—知识、智慧（包括运用）的过程；另一方面是感受—情感—意志、性格（包括行为）的过程。前者主要与智力因素，即注意力、观察力、思维力、联想力、想象力的活动有关；后者主要与非智力因素，即动机、兴趣、情感、意志和性格等有关。所以，作为完整的心理过程，语文教育"链"反映了语文学习活动总是在智力因素与非智力因素相互交织、共同作用下进行的。

（4）预测功能。

模型的预测功能可以在某种程度上提供事件的进程和结果，根据系统内的变化描述可能的结局。例如，以往的语文教学把语文教育内容肢解成上百个知识点，然后大搞机械训练、重复训练、盲目训练，这必然会导致少、慢、差、费。因为这不是有意义的言语实践，其发挥的功能必然是负面的。而"知识"如果能明确是指语文教育内容中必需的语文知识，历练是指基本训练、科学训练，那么重视语文的基本知识和基本技能训练，其可能的光明结局也是可以预测的。时下一些地方不去考察语文知识的内涵和语文训练的实质，一味地淡化知识、淡化训练的做法，必然会导致语文教学质量的下降。

4. 语文教育"链"的价值与意义

众所周知，教育的根本问题是培养什么样的人和怎样培养人。在明确培养什么样的人这一方向，以及人才培养规格以后，落实在具体的学科教育中，问题的关键就转变为用什么内容培养（教学什么）和怎么培养（怎样教学）。为了解决这一长期困扰语文教育的难题，洪先生尝试构建语文教育"链"。这一尝试的价值意义主要如下。

首先，它简化了语文教育系统的头绪。语文教育"链"以几个简明的概念囊括和覆盖了这个系统内部的诸多元素，努力展现出语文教育系统基本元素之间的关系及其运行规律。因此，语文教育"链"既可以使一线语文教师（特别是青年教师）比较容易地把握语文教育教学的基本元素和规律，也可以使语文教育研究工作者以此为蓝本，吸收它的哲学与教育心理学的理性精神，从各个不同方面继续深入展开对语文教育系统的研究，进一步夯实它的理论基础。我们今天研究语文教育"链"，不仅在于认识这一系统的特点和规律，更重要的还在于利用这些特点和规律去控制、管理、改造或创造新的系统，使它的存在与发展更合乎人的目的与需要。也就是说，研究语文教育"链"的目的，不是终结对语文教育这一复杂系统的认识，而在于使系统达到最优化。

其次，它体现了对复杂事物研究的思维方式的革新。语文教育是一个复杂的大系统，而复杂的事物不能被概括为一个主导词，不能被归结为一条定律，不能被划归为一个简单的概念。如果只是简单地把事物分解成若干部分，抽象出最简单的因素来，然后再以部分的性质去说明复杂事物，这是简单、机械的分析方法。传统研究方法的"化简"和"割裂"，就是把复杂还原为简单，把事物不同层次或不同方面的特质截然分开，追求绝对、划一、永恒，企图以一种范式完全取代另一种范式，一劳永逸地解决事物的所有问题。这种简单的思维方法反映到我们语文教育中，常常表现为非此即彼，用一种倾向掩盖另一种倾向，使教学走向极端。而洪宗礼构建的语文教育"链"，就突破了过去一元化的简单思维方式和二元对立的思维模式，采用复杂思维方法，进行系统建构。目的是要客观、辩证地分析事物的各种矛盾关系，力求抓住它的主要矛盾，从而变烦琐为简约，变肢解为综合，使语文教学的各个方面、各种因素结合成一个和谐、协调的有机整体，发挥系统的整体功能和综合教学效应。他说：系统思想是开启母语研究大门的钥匙。母语教育是一个庞大的教育工程、社会学工程。研究这一工程，是不能孤立地进行的。用系统思想研究母语教育和母语课程教材，就要把对它的一切微观研究置于整个教育的宏观系统的研究之中。他采用的是整体思维、关系思维、辩证思维、生态思维，所以，系统思维、整体建构是洪宗礼语文教育思想的重要特征。

最后，它反映了研究者对母语文化价值的追求。在语文教育"链"中，显性的文字中虽然没有"文化"二字，但这个模型的立足点实实在在是文化。洪先生构建的语文教育"链"既是生态链，又是文化链。这里面有课程文化、教材文化、课堂文化。不仅语言文字是文化，而且语言文字承载的也是文化，学习语言文字就是学习文化。

当代社会认知心理学和建构主义认为，语言既是人内在心理的一种社会机制，又是一个国家、民族的内在心理构成的社会系统。从教育文化学的角度来看，语文教育"链"所揭示的语文教育的过程其实就是将一个民族的文化结构和系统，内化成学生自我的精神构成，使得公众文化、民族文化化为个体文化，以及自我的精神、态度和价值观念。语文教育就是这样一个文化化人的过程。洪先生认为，在语文教育中，语言和文化是密不可分的共同体，语文课程文化只有借助语言才能表达出来；学习者也只有在语言研习的过程中才能培育、感受、涵泳语言文化之美，获得文化熏陶。研究语言就是研究文化。他强调母语课程教材改革者必须直面母语课程教材的文化价值，务必致力于加强民族优秀文化的理解、吸收、创造和发展。因为任何一个民族的语言文字不仅是符号系统，它还反映了一个民族认识客观世界的思维方式，蕴含着民族精神的深厚积淀；它是维系民族精神和民族感情的心理纽带，是民族生命的组成部分。民族文化是一种取之不尽的宝贵资源。越是民族的就越是世界的，是说我们的文化要有自己的传统，自己的立足点，自己的性格。从母语教材文化建设的角度看，挖掘民族文化的优秀资源，保护好民族文化遗产，是推动当代文化发展、建立文化创新机制、保障民族文化生生不息的文化源泉。今天的母语教育和课程教材改革，就是要站在历史发展的高度，以更广阔的视野塑造母语课程教材文化。

总之，语文教育"链"的上述价值功能启示我们，面对复杂的语文教育问题，需要引入模型研究的方法，而对模型进行简约、鲜明、准确且具有普遍性和启发意义的研究，必将有助于我们不断提升语文教育研究水准，努力提高我们解决语文教育实际问题的能力。

（原载《这就是教育家——品读洪宗礼》，教育科学出版社，2009 年版，有改动）

五、"洪氏语文"整体改革的魂与支柱

（成尚荣，原江苏省教育科学研究所所长，国家督学）

给不少老师的教学改革实验写过所谓"点评"，而且写得比较流畅。但是，面对洪宗礼先生的《中学语文教学整体改革的实践与研究》，却迟迟不敢下笔。不仅是不知从何说起，因为它太丰厚了，更重要的是，惶恐自己说不准，因为它太深刻了。正是这样的心情，让我再次回到他的中学语文教学整体改革的实践与研究中潜行、触摸、探究、澄明。结果呢？结果是，我从这一成果的背后、深处，触摸到了高贵的心灵、独立的人格、创新的精神。换言之，洪先生的人格、学说、品质已经凝练在

他的语文教学整体改革中。也许，洪先生映照了一条法则：高尚的人才会有高尚的作品和伟大的成果。

洪先生对语文教学有个基本的判断：语文是个复杂的多面体。立体性的语文，要求我们从不同的角度、不同的侧面、不同的要素去认识和探索。用洪先生的话来说，就是"要剖析语文各种要素之间的关系，揭示语文教学的基本规律，形成独具个性的语文教学体系和教学模型"。显然，这样的判断和思路体现的是一种大视野，生长起的是一种大智慧，形成的必定是一种大格局。唯此，才符合语文的本质特征，也才有可能从根本上解决长期以来语文教学存在的肢解割裂、"低效高耗"的状况。专家学者及广大一线教师们一致认为，洪先生创造了中学语文教学体系。也因为这一体系，洪先生的语文教学才被称为"洪氏语文"，成为我国中学语文教学的一个重要流派。

指导洪氏教材编写的专家

洪先生创立的这一体系有个魂：育人，用大语文育人。语文育人，必然超越知识，也可能超越单纯的能力，当然更超越了分数。它坚定地指向人，指向学生发展。在洪先生的语文教学改革中，学生永远是目的，永远是主体，永远是学习的创造者，而不是工具，不是技术，不是"器"。指向学生，必定指向学生发展的核心素养，在核心素养的统领下，研究开发语文学科核心素养，再由语文学科核心素养培育健康发展的学生。洪先生认为这是一个塑人的过程。"塑"，化也，文化也，熏陶也，优化也。倘若无这一魂，语文再大都小，再称作体系也只是碎片而已。体中有魂，魂又附体，是"洪氏语文"最为崇高的地方。

洪先生创造的这一语文教学体系有三根重要的支柱："五说"语文教育理论、语文教育"链"和"双引"语文教学艺术。"五说"语文教育理论成功解决了语文教学的工具性和人文性关系，找准了语文教学端点，把教与学、学与思、开发与渗透等诸种关系和谐地统一在一起，这是关于语文教育理论的新发展。语文教育"链"是建构语文科学体系的核心，突破了简单的思维方式，"用几个简单的概念覆盖了语文教学系统中诸元素，努力展现这些元素之间的关系和运行规律"。"双引"语文教学艺术在于"引"，而不是一味地讲解和简单地训练。引就是"引出"、激发、引导，让学生主动学，确立了学生学习语文的主体地位。三根支柱既是实践性、操作性支撑，又是一种理论性支撑。三根支柱间又相互支撑，相辅相成，构成一种体系。因此，称其为"洪氏语文"恰如其分，称其正在向学派发展也当之无愧。

六、 洪宗礼：我的精神支柱

（董旭午，江苏省泰州中学特级教师，四川省有突出贡献的优秀专家）

早在 20 世纪 90 年代中期，我就接触到了洪宗礼先生的《洪宗礼语文教学论集》。21 世纪初期，我又接触到了他的《洪宗礼：语文教育之"链"》。通过认真学习和领悟，我当时就认定洪先生的中学语文整体改革之路是走对了。尤其他的语文教育"链"思想和"双引"教学观深接地气，揭示了语文教学的本质与规律，而且具有极强的可操作性。尤其是先生总结出来的"五说"（工具说、导学说、学思同步说、渗透说、端点说）语文教育观，更是很好地继承和发扬了传统语文教学的精髓，对新课程背景下语文课改有着十分重要的导向性价值。二十多年来，我的生活化语文教学实践研究一步步走向成熟，现在已建构成生活化语文教学范式和体系。这主要应归功于洪先生的中学语文整体改革理论与实践的导引。我的体悟主要是三个关键词。

1. 融通互哺

洪宗礼先生"五说"教育观中的"渗透说"指出，语文作为多因素的综合体，它的内部各因素之间存在着互相依存、互相制约的关系。读、写、听、说之间，语言形式与思想内容之间，智力因素与非智力因素之间都密切相关，互相渗透。作为基础学科，它又与平行学科相互联系、沟通、渗透，相互促进，相辅相成。语文作为综合性工具学科，与社会生活有着广泛而密切的联系，相互渗透。

受洪先生"渗透说"的启发，我的生活化语文教学的"化"，就强调作者生活、课文生活、读者生活、教师生活、学生生活、生活情理等多维生活互相渗透，互化融通。同时，生活化语文课堂还强调走进多维生活，联系生活情理，充分调动学生生活，多维渗透、融通、互哺地活教、教活，充分调动学生的生活积淀等，充分感受、体验、探讨和透悟课文为什么这样而不那样遣词造句、布局谋篇和运招用技，促进学生学以致用。此外，由课堂教学层(即核心层："一化六教")和依次向外扩展的对接总结层、辅助拓展层、自主历练层构成的生活化语文教学体系，其各层之间及各层诸要素之间也是相互渗透、互化融通、互哺共生的。例如，对接总结层中的"常见文体写作""依读练写""即境表达""个性化素材积累""经典课文人文内涵提炼""应考技法与运用"，辅助拓展层中的"必备古代文化知识""必备逻辑知识""必备语修(语法修辞)知识""必备写法知识""必备语文审美知识""必备和谐交际知识""其他学科教材的语文价值""中国古代主要哲学思想""西方古代主要哲学思想""中学生阅读心理""中学生写作心理""中学生审美心理"等要素之间，以及它们与教学核心层、自主历练层之间也都是相互渗透、融通互哺的。

2. 自主思辨

学生的听、说、读、写能力的发展，无不有赖于想。想，还涉及人们的立场、观点和方法。想，是听、说、读、写的总开关。教师在教学中只能把语言训练与思维训练有机地结合起来，进行科学、有序的训练。教师要最大限度地调动学生思维的积极性，有目的、有层次地引导学生在语文训练的过程中积极地想、正确地想、合理地想、严密地想，从而促进学生语言与思维同步发展，既提高学生语文能力，养成运用语文的习惯，又形成学生良好的思维品质和心理素质，发展学生的智力。要多角度、多层次地进行科学的组合式思维训练，把思维训练贯穿于语文训练的全过程。这是洪先生"学思同步说"的核心观点。

在洪先生这一理念的导引下，我每教一篇讲读课，都会积极引导学生先发现课文的可思辨点，之后启发学生积极思辨。形式有当堂的思辨讨论、口头作文，课下写思辨随笔等。之所以长期引导学生这样进行自主思辨，目的就在于要教给学生独立思辨的头脑，并使其练就一双善于发现的慧眼，到课外生活中去观察、阅读，去发现更丰富的可思辨点，进行独立自主的思辨。课内我这样教学，课外也指导和督促学生积极、主动、自主、自觉地这样做。我每周检查、批阅学生的思辨随笔。每学年将经典随笔打印成册，或上传到班级 QQ 群，供全体学生分享。这不仅扎扎实实地训练了学生的语文读写能力，提升了学生的语文素养，而且使学生的人性、人格、境界、精神等也获得了良好的发育和提升。

3. 自觉历练

洪先生的"工具说"强调，语文是交际的工具，是"载道"的工具，是学习、思维和研究的工具，是从事各项工作的工具，是储存和传播信息的工具，是人类认识社会与自然的工具。所有工具只有在使用中才能掌握，所以，学习和掌握语文这个工具必须通过"历练"。洪先生的"端点说"又认为，语文教学中的一个学段、一本书、一堂课、一个目标，以及学生学习语文的刚规律和方法等都是有限的，但学生需训练的语文能力，需培养的语文习惯，需得到的发育、发展和提升，以及学生未来的发展是无限的。

为此，我每堂课都高度重视指导学生自主思考，整理句意、段意、主题、写法及写法的作用等，从不直接抄写在黑板上，也不用多媒体投影。我还特别注重师生、生生之间规范对话，总是及时纠正学生口头回答问题中的不规范语言，有时也请同学们相互纠正。同时，我还在课堂上对学生进行即境表达历练指导。教学生依据课文特定语境，自觉、主动地练习仿写、扩写、改写、续写等，以及练习祝福语、颁奖词、楹联、主持语、微报道等实用文。例如，续写《我的叔叔于勒》，改写古诗词为写景抒情散文，给贝尔曼、藤野先生等写祝福语、颁奖词等。这种依文练写就融于学生语文学习的生活之中，最直接地激发起学生真想写、想写好的欲望和兴趣。在课外，我更是长期坚持督查、指导学生写美文阅读随笔、时代人物随笔、时事听闻随笔、假日生活随笔、师生友情随笔、历史人物随笔等，还及时结集或上传至班级 QQ 群展示、分享。课内外互哺共生，无痕培养学生的自觉性、习惯、能力和素质。

这个规划合理、自然有序、持久渐进的教学体系，最大化地调动了课内外语文学习资源的"生活化语文教育场"。我与学生一道学、辨、练，共同健康成长。

通过学习和实践洪先生的"双引"教学法和"五说"语文教育观等，十几年来，我发表洪宗礼教育思想研究及生活化语文实践研究的文章 100多篇，其中研究洪先生的文章就有 40 多篇，现正在进行江苏省"十二五"规划重点资助课题"洪氏语文：对中学语文教学归真导引价值的研究"工作。其间，我先后获得"全国模范教师""四川省有突出贡献的优秀专家""中学特级教师"等荣誉称号，并成为中学正高级教师、"江苏人民教育家培养工程"培养对象。

2008 年 7 月，我以高层次优秀人才的方式被引进江苏省泰州中学，这终于圆上了我要到洪先生身边工作、学习和研究的美梦。借此天时、地利、人和之便，我还带领学校语文组 40 多位老师一起践行洪氏语文教学体系。学校成立了洪宗礼教育思想研究所，每年都要定期举行示范教学、思想研讨、征文比赛、成果总结交流等活动。现在，学习"五说"语文教育观、语文教育"链"和"双引"教学法等理念在校内外已深入人心。学生语文能力和素养普遍提高，尤其是学习自主性等有明显的提升。学生连年参加"语通杯""新世纪杯""苏教国际杯"等全国或全省的中学生作文大赛，成绩喜人。以"苏教国际杯"为例，近五六年来，学校一直有同学获特等奖(全省只有 10 个获奖名额)。2010 年，3 人参赛，全都获得了特等奖。学校"梅苑文学社"的同学每年都有上百篇散文、诗歌或小小说等见诸报刊。2011 届的明星同学曾荣获"99 杯"第十二届全国新概念作文大赛一等奖，成为泰州有史以来获此殊荣的第一人，他现已成为江苏省作家协会会员。

目前，我对洪宗礼先生语文教育思想的学习、了解、认识等做得还很不够，我今生只想好好研究一位教育家——我这辈子的精神支柱洪宗礼先生；只想做好一件事——我的生活化语文教学实践研究。

七、 实与活：从洪宗礼课堂教学艺术中习得的精髓

（王铁源，江苏省中学语文教材编写组编辑室主任，特级教师）

仔细研读洪宗礼老师公开发表的一些代表性课例，以及若干精彩的课堂教学艺术镜头，再将视野拓宽到他的《作文百课》《写作与辩证思维》等著作中的大量课例及训练设计，笔者感到："实"与"活"的结合是洪宗礼课堂教学艺术的发轫点、原动力，是他的课堂教学艺术的内核，形成了他的课堂教学艺术的鲜明风格。

如何认识洪宗礼课堂教学艺术的"实"？所谓"实"，是要语文课真正姓"语"：从教学目标的确定、教学内容的安排，到教学方法的生成，都必须符合语文学科自身的规律，引导学生切切实实提高听、说、读、写的能力，扎扎实实打好语文基础。课有所得，日积其功，只有这样长期坚持，学生的语文素养才能不断提升。

怎样解读洪宗礼课堂教学艺术的"活"？所谓"活"，是善教善引，把教学看成是一种创造，精心设计每一堂课，巧妙安排每一个教学环节。根据教学内容和学生的实际选择恰当的教学方法：或设悬置疑，层层激思；或投石激水，引起争论；或曲径通幽，引逗思维。如此等等，最大限度地调动学生的思维力和创造力。课堂上，师生互动积极，气氛活跃，学生求知始终有新鲜感、新奇感、追求感。

语文课堂教学"实"是基础，"活"为升华。一节成功的语文课，"实"

犹如不断延伸的河床，"活"仿佛奔腾激荡的流水，教师引领学生在其中畅游。这样的语文教学既切实有效，又生机勃勃。

张志公先生在《关于语文教学中科学性与艺术性问题的探讨》一文中指出：任何一门学科的成功的教学，都是高度科学性与精湛艺术性相结合的成果，语文教学尤其是这样。洪宗礼语文课堂教学艺术"实"与"活"的结合，本质就是高度的科学性与精湛的艺术性的结合。

我是20世纪70年代中期来到江苏省泰州中学任教的，自那时起至今40余年，始终"厮守"在洪宗礼老师身边，如影随形：他任语文教研组长、学校副校长时，我是他麾下的一名青年教师；他主编苏教版初中语文教材，我有幸成为其中的编写成员之一；他主持国家重点课题"母语教材研究"，我参与论文撰写和有关工作。40余年，洪老师对我而言，亦师亦友，使我诸方面受益。想当初，洪老师的课，我经常去学习；他的公开课，我更是每课必听，并做记录和录音，之后对一些课例进行整理，多篇在报刊发表，因之获得较多的体悟与心得。我的课，他也经常来听，其原因是我在20世纪80年代初担任人教社试验教材的试教工作。那时他对自编教材心中已有萌动，开始对各种教材进行研究。每次听完课后，他都给予指导："课上得既要实，又要活。"此后，他关于语文教学研究的著作日渐增多，每有大作问世，我都认真学习领悟。渐渐地，追求"实"与"活"结合的课堂教学，成为一种理念、一个目标，在我心中扎下了根。

回忆在高一年级教授朱自清先生的散文名篇《绿》这篇课文时，我遵循洪老师的这一教诲，反复钻研教材，念兹在兹，精心设计教法，倾尽心血。授课时，自信从容，收放自如，"实"与"活"相结合的教学特色凸显出来。这节课可以视为我多年学习洪宗礼课堂教学艺术的一份成果。我曾将这节课的教学实录整理成一篇短文，敝帚自珍，引录于下。

高品位的欣赏

本节课赏析朱自清的散文名篇：《绿》。

课文第三段，作者运用巧妙入神的笔墨具体描写了梅雨潭的绿。讲到此，我知道教学最紧要的关口到了。

此时，我却放下课本，"宕开一笔"："欣赏音乐，有三种层次：仅仅听出音乐悦耳与否，属于低层次的知觉欣赏；能听出音乐传递的情感，知其喜怒哀乐，属于较高层次的情感欣赏；不但能听出情感，与之共鸣，而且能对作者表现音乐形象的方法、技巧做准确分析，属于最高层次的理性赏析。欣赏音乐如此，欣赏文学作品亦如此。学习课文第三段，我要求大家对作者描写梅雨潭之绿的精彩笔墨，既能从情味上品出滋味，又能对它的写法做出理性分析，做一个高品位的欣赏者。"

我悬起了一只"苹果"：高品位的欣赏。看得出，课堂里立即有了反应。

"我首先要问的问题是：谁能用语言将'绿'这个概念解释一下？"

有笑声，仿佛在说："这个问题算得上'高品位'？"

但笑声旋即消失，一思考，谁都说不出有把握的答案。

无人举手。我点了一下 C 同学的名，他站起来愣了好一会儿才说："绿，就是青草地的那种颜色。"

更响的笑声。

我说："别笑，请大家翻翻词典，看看工具书上是怎样解释的。"

F 同学读道："像草和树叶茂盛时的颜色。"

我又说："再查查，怎样解释'红'字的。"

同学读道："像鲜血和石榴花的颜色。"

我这才说："C 同学的解释是对的，有些抽象概念还真不好解释，因而只得举出某种实体，做一示例。你们看，要解释一下'绿'字尚且不易，若具体描写用视觉才能感受到的绿色就更难。但正是因为难，写得好，才更能显出作者的才华。朱先生写绿，就自有妙法。谁能分析一下，作者是怎样给了我们一个既'奇异'，又具体得如在眼前的'绿'的？"

这一问，同学们都埋头研读起课文来。我任由他们专心地读，用心地想。

一会儿，B 同学起身作答了："做比喻。作者把梅雨潭的绿，比作一张极大极大的荷叶，一块温润的碧玉。荷叶之绿，碧玉之绿，人所习见，并不陌生。通过它们呈现的绿色，读者感知到未曾亲临观赏的梅雨潭的'绿'。"

A同学也发言了："为了强调那种'平铺着，厚积着的绿，着实可爱'，作者又连用少妇的裙幅、明油、鸡蛋清，以及融化了的蔚蓝的天等几个比喻，形象地再现了梅雨潭之绿的清亮、鲜嫩、柔软、纯净的特征。"

D同学又有新发现："用做比较的方法。为了准确表现梅雨潭的绿，作者把它和北京什刹海拂地的绿杨相比，和杭州虎跑寺近旁的绿壁相比，使读者得知梅雨潭绿的程度比绿杨浓，比绿壁淡。不仅如此，作者又把它和西湖的波相比，和秦淮河的波相比，让读者了解到梅雨潭绿的亮度比西湖暗，比秦淮河明。"

E同学总结道："多次比喻，几番比较，读者对梅雨潭的绿，印象就十分具体、深刻了。不知不觉，就进入了美得'奇异'，美得'醉人'的境界之中。"

"分析得很好！你们不但具体感受到作者所写的一切，也准确指出是运用何种技法表现这一切的，知其然，又知其所以然。"说到这儿，我欲擒故纵，"你们是——"

生："高品位的欣赏者！"

"不，暂时还不能这样讲。"我接着说，"真正高品位的欣赏还应揭示规律。"

教室里又静默下来，我又"宕开一笔"，请大家再想想这个问题："朱先生这样用打比方、做比较的方法来描述色彩，古代诗词中就屡见不鲜，你们能不能举出一些例句来，并做些分析？"

"霜叶红于二月花，"E同学接着分析，"这是做比较。诗人让读者通过熟悉的花儿的红色，想象出比这红色更红的枫叶的色彩。"

"'千树万树梨花开'，这是做比喻。诗人通过喻体梨花的色彩特征，形象地表现本体雪的洁白、晶莹。"

"日出江花红胜火，春来江水绿如蓝。前一句是做比较，后一句是打比方。"

一时间，例句一句接着一句，课堂气氛相当活跃。

我要"收口"了："谁能揭示一下这种写作现象的规律？"

还是 D 同学完成了这个任务。他说："色彩是很难用语言直接写出来的。就这点来说，文学家远没有画家方便。画家只要蘸上一点颜色，就能给你一种可以看见的色彩，但文学家自有他的妙法，这就是运用打比方、做比较之类的方法，充分调动读者的生活经验，用已知的去印证未知的，用熟悉的去想象不熟悉的。这样不仅可以具体表现某种事物的色彩，甚至连介乎某两种色彩之间的中间色，也能准确地描述出来。"

"高品位的欣赏！"

满屋里响起舒心的笑声。

我又加上这样一句："其实，何止是写色彩。描述一切抽象的、读者不易感受的事物，都可以运用这类技法。我们不仅要做高品位的欣赏者，还要做？"

"高品位的创造者！"学生们接口说。

这节课对我教学生涯的意义在于：一个教师要上好一节课并不难，难的是把每节课都上好，而要做到这一点，沿着"实"与"活"相结合的课堂教学之路走下去，是大有希望的。

洪宗礼老师说："真正有个性的教学风格是不能复制的。"是的，每个教者的素质不同、学养不同、个性不同，机械地模仿别人的教学风格，简单地复制一个课例是注定要失败的。但准确了解、把握洪宗礼老师课堂教学的风格，找准其内核，揭秘他的教学艺术的魅力与成因，得其精髓，结合自身情况借鉴学习，又是必然会获得成功的。"学我者生，似我者死。"齐白石先生的话在这儿不也得到了印证？

如果说在中学语文教育界，洪宗礼老师是叶茂根深、硕果累累的"好大一棵树"，那么我自己则犹如植于其旁的一株树苗，其根须与洪宗礼这棵大树的巨大根系紧紧相拥。我是洪宗礼老师课堂教学艺术、语文教育思想的受益者。

八、 实践洪宗礼语文教学整体改革思想，创新语文教学模式

（丁翌平，江苏省泰州市海陵区教育局原副局长，特级教师）

因为区域条件的优势，洪宗礼语文教学整体改革的思想和实验，从其发轫之始，就一直影响和指导着我们江苏省泰州市海陵区的语文教学。多年来，在洪宗礼语文教育思想的引领下，海陵区语文教师改革和创新语文课堂教学模式，不仅大面积提高了语文教学质量，而且全面提升了语文教师的专业素养，建设了一支高素质的语文名师队伍。

阅读洪宗礼的著作，是实践洪宗礼语文教育思想、探究语文教学之路的基础。多年来，海陵区一直要求全区语文教师认真学习和践行洪宗礼语文教育思想。我们始终坚持开展洪宗礼语文教育思想的专题研讨，交流学习和践行洪宗礼语文教育思想的经验体会。全区语文教师专业素养考查将对洪宗礼语文教育思想的认知和理解作为考核内容之一，以此推进和加强语文教师对洪宗礼语文教育思想的学习和研究。区校语文优质课评比要求评委和教师以洪宗礼语文教育思想为指导，设计教学流程，评析课堂教学得失。泰州市渔行实验学校校长陈澍不仅带头学习《洪宗礼文集》(六卷本)等著作，还亲自组织该校语文组的老师学习洪宗礼的《语文人生哲思录》。他和语文教师一起，多次参与洪宗礼语文教育思想和洪氏语文教材的研讨，该校语文教学质量获得了稳步提升。泰州第二中学附属初级中学不仅邀请洪宗礼老师来校开设专题讲座，还多次开展"洪宗礼语文教育思想课堂教学评比"活动。多年来，学校语文教学质量一直在全区、全市名列前茅。

在洪宗礼语文教育思想的引领下，海陵区语文教师积极改革语文课堂教学。经过多年的研究和实践，海陵区初中语文课堂教学普遍把洪宗礼语文教学的"双引"教学艺术作为设计课堂教学的"纲"，积极发挥学生主体作用，积极实现教师的引导作用。文本教学，教师设计层级不同的思考题，引导学生阅读文本，思考文本，解答问题，基本改变了一味灌输的旧式教学模式。学生学得活泼，学得主动，学得积极。《义务教育语文课程标准(2011年版)》所提出的自主、合作、探究教学原则得到了充分落实。写作教学，教师引导学生分析各类文体的不同要求，分析优秀作

文的特色所在，引导学生观察生活，探索生活的真谛，创新立意，自主写作。不仅如此，各学校还普遍重视阅读教学和写作教学的结合，课内和课外的结合，自学和请教的结合，各类学生的自学能力和探究水平获得了不同程度的提高。

多年来，海陵区以洪宗礼语文教育思想中的"五说"语文教育理论，作为提升语文教师综合素质的核心内容。要求语文教师深入思考语文教学中工具与人文、教与学、学与思、知与行、课内与课外的辩证关系，按照"五说"语文教育理论创新课堂教学模式，改进语文教学。民兴中学语文教研组将"生本"教学理念和"五说"教学理论相结合，教学流程按照"五说"语文教育理论设计，形成了颇具特色的"生本课堂"教学模式。学校语文课改经验在全国民办学校会议上交流，受到广泛好评。该校教师胡楗运用"五说"语文教育理论开设的《明天不封阳台》一课，荣获泰州市优质课一等奖。大浦小学、沈毅中学、海军中学等运用洪宗礼语文教育思想，改进课堂教学，先后创设了"智慧课堂""主体参与课堂""导、思、研课堂""逻辑课堂"。虽然名称不一，但都体现了洪宗礼语文教育思想中以"诱导"方法实现知识传授、思考理解、习惯培养、提升素养的语文教学目的。这些课堂设计的教学流程，尽管程序先后不一，但都有一个基本的教学"链"，体现了语文教学的内在联系。沈毅中学的"主体参与课堂"，以"预习自学、讨论辨识、引导深入、教师辅助"为主要流程，促进学校语文教学质量大幅度提升。该校李晓丹老师多次在省、市教研活动中开设示范课，受到专家和同行的肯定。近年来，海陵区有近 30 名语文教师在省、市、区优质课评比中荣获一等奖，有近 100 名学生在江苏省学生作文竞赛中获得奖励。在语文教学研究实践中，海陵区广大语文教师的专业素养得到了进一步提升。

广大语文教师运用洪宗礼语文教育思想研究和指导语文教学，写下了大量的学习心得体会，其中发表或获奖的论文近 1500 篇，市级以上的立项研究课题 80 多项。海陵区语文名师队伍在洪宗礼语文教育思想的引领下得以迅速成长，丁翌平、王铁源、尤梅、顾晓梅、焦惠等老师先后被评为"江苏省语文特级教师"，另有十多名语文教师荣获"泰州市有突出贡献的中青年专家"和"泰州市名教师"称号。

九、 洪宗礼语文教育哲学的内涵与形成特征

（李震，江苏省连云港市新海中学原校长、特级教师，享受国务院特殊津贴专家）

洪宗礼先生的中学语文整体改革的理论来源之一是教育哲学。

洪先生在语文教育实践中的一些根本问题上形成了个人的语文教育信念和语文教育理想。他在语文本体论的探讨中形成在场感，在语文价值论的探讨中形成素养域，在语文课程论的探讨中形成发展性，在语文功能论的探讨中形成根基性，在语文教学论的探讨中形成个性化，在语文方法论的阐释中形成互动性。

"个人的教育哲学"（personal philosophy of education）一说最早源于美国教育哲学家乔纳斯·索尔蒂斯（Jonas Soltis）。他认为，当代教育哲学的构成分为专业的教育哲学、公众的教育哲学和个人的教育哲学。他为专业的教育哲学提供了相对完整的理论体系，引导研究者在自己的教育行为中确立自己的行为价值取向。美国当代教育哲学家乔治·F. 奈勒认为："个人的哲学理念是认清自己的生活方式的唯一有效的手段，如果我们是一个教师或教育领导人，而没有系统的教育哲学，并且没有理智上的理念的话，那么我们就会感到无所适从。"这充分说明教育哲学对教育工作者专业发展的重要意义。它是教育工作者教育行为的智慧之源和专业成长的根基。

在我国，吴安春和朱小蔓通过对创造性的教师的研究发现："凡创造性教师一定具有个人化的教育哲学观。这种个人化的教育哲学观是对教育、对教学、对课程、对知识、对师生关系、对教育理论等独特的个人化的理解，这种独特的、个体化的教育理解具有反思和批判特征，以弥漫与渗透的形式，内源性与外发性相结合等方式投射到教师的整个教育活动中，成为创造性教师的思想支撑和动力来源。"① 这就是说，教师个

---

① 吴安春、朱小蔓：《对创造性教师的研究》，载《上海教育科研》，2012(5)。

人教育哲学是教师对教育观、教学观、师生观、课程观、知识观等独特的个人化理解。

在长期的语文教育境遇中，洪宗礼先生不断对自身的教育行为进行自我观察、内省、反思与探索，不断接受语文教育实践的挑战，追求语文教育的真理，逐步建立起自己的语文教育哲学。在他形成的语文教育哲学中，体现出鲜明的语文教育价值取向，"富有中国品格和中国气象"①，在中国语文教育界产生了巨大而又深远的影响。

1. 洪宗礼先生语文教育哲学的内涵

《教育大辞典》是这样解释"教育哲学"条目的："教育科学分支学科。具有方法论性质的基础学科。对教育理论和教育实践中的一些根本问题进行哲学探讨，以为教育理论和教育实践的指导。具有概括性、规范性和批判性等特点。"② 这是从学科意义上来界定教育哲学的。根据这种界定，我们可以这样理解洪宗礼先生的语文教育哲学。

洪宗礼先生在长期的语文教育教学实践中，充分利用教育智慧，通过审问与慎思、考察与探索、批判与提炼，对语文教育理论和语文教育实践中的一些根本问题，如语文本体论、语文价值论、语文课程论、语文功能论、语文教学论等，进行哲学概括，形成了个人的语文教育信念和语文教育理想。他把这种哲学概括的结果、形成的教育理念和教育理想作为语文教育理论和语文教育行为的指导，并为语文人提供了有利于思考的启发力、理解力和洞察力。

2. 在语文本体论的探讨中形成在场感

对语文本体的追问，能够使语文人对语文基本内涵、语文教学内容、语文教学方法、语文教学评价的探讨更趋于本真。百年来，语文人对语文本体的言说甚多，有建树、有解构，有溯源、有误导，有沉潜、有浮躁，有展露、有遮蔽，但都想改变我国语文教学的前学科或准学科状态。在这种背景下，洪先生对语文本体论的探讨有着重要的实践意义。洪宗

---

① 倪文锦、成尚荣：《洪氏语文》，159页，北京，高等教育出版社，2013。
② 顾明远：《教育大辞典（简编本）》，257页，上海，上海教育出版社，1999。

礼先生的"五说"语文教育观，就是多角度地对语文本体的透视，体现了对语文本体规律的尊重。"五说"语文教育观从根本上厘清了长期以来语文界纠缠不清的问题，反思了语文教学中存在着的"非语文"状态，回答了"让语文回家"的当代中国语文教育的诉求，使语文教学从应然的愿景勾勒走向实然的教学现实。

语文教育哲学是关注语文教育的基本前提的。语文教育的基本前提有两个，即对语文教育中人的理解和知识的理解。现代哲学人学的发展告诉我们，人是理性与非理性的统一。人的非理性因素包括本能、意志、情感等，它们构成了人认识活动的前提，这就决定了人不是抽象的认识容器，而是活生生的存在物。语文教学的过程就是教师和学生创造自己生命意义的过程，这个过程就是在"场"中提升言语素养。

日本教育家佐藤学认为，在教学中最理想的目标就是构建"润泽的教室"。"大家安心地、轻松自如地构筑着人与人之间的关系，构筑着一种基本的信赖关系，在这种关系中，即使耸耸肩膀，拿不出自己的意见来，每个人的存在也能够得到大家的尊重，得到承认。"① 洪宗礼先生在教学实践中就是不断地构建这种"润泽的教室"，让学生在学习语文知识的同时，受到宽容、鼓励和呵护，从而产生一种接受"润泽"的"在场感"。

3. 在语文价值论的探讨中形成素养域

马克思主义认为，价值属于关系范畴，"价值"这个普遍的概念是从人们对待满足他们需要的外界物的关系中产生的。这就是说，价值所表示的就是物对人的作用的价值。这个论断对我们理解语文价值很有帮助。语文知识与语文价值相互依赖，语文知识对语文价值的重要性正如语文价值对语文知识的重要性。《大学》说："知所先后，则近道矣。""先后"就是对价值的选择，"近道"就是先立本，这说明我国古代思想家早就认识到了知识与价值之间的关系。

洪宗礼先生著名的语文教育"链"包括三个维度：内容的维度，即"知

---

① ［日］佐藤学：《静悄悄的革命：创造活动、合作、反思的综合学习新课程》，李季湄译，25 页，长春，长春出版社，2003。

识技能""能力""习惯方法""情感与价值观";过程维度,即"历练""养成""渗透";关系维度,即"语文实践""定型化""语文与思维同步发展"。这三个维度又定"先后",立主次。它覆盖三大领域:认知、动作、情感;突出四大要素:知识技能、能力、习惯方法、情感与价值观;强调两个侧面:智力因素和非智力因素。这种系统性、整体性和协同性又坚持了语言本位观,把语文教育指向全面提高学生的语文素养,鲜明地体现了语文的核心价值。

但是,长期以来,语文教学没有把握住汉字是表达生命的符号这个根本认识点,致使语文教学缺失了生命本位;语文教学没有把握住促进个体语文和语言能力发展这个核心目标,致使语文教学缺失了语言本位;语文教学没有凸显文体和语体意识,致使语文教学缺失了学科本位;语文教学没有总结提炼出适合汉字汉语教学的模式和方法,致使语文教学缺失了教学本位。在这样的语文教育背景下认识洪先生提出的语文教育"链",更可以看出其对语文核心价值的体现。

4. 在语文课程论的探讨中形成发展性

顾黄初先生曾经这样评价洪宗礼先生:洪宗礼对"多变激变"的时代特征有清醒的、充分的认识,因此,在他的实践成果中总能看到不断渗入的时代新质,在他的理论思考中总能发现活跃着的新的理论元素。[①]这种"活跃着的新的理论元素"的发现,就体现了洪先生探讨的发展性。

洪宗礼先生重视理念的更新。他认为,教材编写、教学改革始终受教育思想、理念的制约,编者必须努力接受新思想、新理念,并建构科学的教材体系和呈现方式。课程建设要重视传统和现代的结合,传统的汉语文教育重视积累、感悟和涵泳,但同时要借鉴创新,使传统与现代结合。语文课程要力求以人的发展为本,以全面提高语文素养为目标,因此,课程的实施也就是促进学生发展的过程。

洪宗礼先生基于语文课程性质、特点与教学的复杂关系而进行的理

---

① 转引自袁振国:《这就是教育家——品读洪宗礼》,43 页,北京,教育科学出版社,2009。

论建构,就是工具说、导学说、学思同步说、渗透说和端点说。这五根理论支柱支撑起他的语文教材大厦。他在 1978 年就发表了《试论语文的工具性》,后来又发表了《我的语文教育观》。在他的阐释中,他特别强调了语言文字的媒介意义,坚持文道统一,语文训练与思想教育的统一,工具性与思想性的统一。后来,他又传达了他的"语言文化观",指出:"在语文教育中,语言与文化是密不可分的共同体,语文课程文化只有借助语言才能表达出来;学习者也只有在语言研习的过程中才能培育、感受、涵泳语言文化之美,获得文化熏陶。"这种语言文化观充分体现在他的语文教材的编制中,把教材的编制看作母语文化建设的重要组成部分。

洪宗礼先生在起步阶段编写"三一"教材,即"一本书、一串珠、一条线"的"单元合成、整体训练"的教材,整个教材体现了"引读程"和"引写程"双线贯通的纵向结构,建构了全程导教导学系统,建构了丰富多样的教学辅助系统。到 1988 年,他编写了"合成"语文教材,使教材发展到了一个新的阶段,"合成"的内涵更加丰富,"合成"的方式更加优化;引读的思想更加系统,引读的层次更加丰富;导读的系统更加完备,导读的形式更加多样;把听、说引入"引写程",使听、说和读、写相互为用。我们看出,"合成"教材比起"三一"教材,指导思想更为明确,编排体例更加合理,助读系统更加科学,延展功能更加开放。十年之后,国标版教材的推出,又展示出新的面貌。它调整了课文,优化了内容,完善了体系,改进了设计,规范了文字,更新了插图,一套具有鲜明特色的符合母语学习规律的语文教材呈现在世人面前。这种与时俱进的发展性,体现了洪宗礼先生及其团队自觉的文化担当和可贵的精品意识。

5. 在语文功能论的探讨中形成根基性

我国的语文教育从"文以载道"到"表情达意的工具",再从"基本工具"到"阶级斗争的工具",复从"基础工具"到"交际工具",标志着语文单独设科百年来语文功能观的演进。在这种演进中,洪宗礼先生对语文功能做了深度思考,他指出:"母语的地位、价值是母语的性质功能决定的。"① "用现代观念考察语文，从交际层面看，它是表达与交流的工具；从体现国家意志和渗透思想道德观念看，它是国家民族生存发展的基础；从传承、弘扬文化看，它是积淀、传播文化的载体；从发展人的情感看，它是文学教育、审美教育的重要组成部分(或一个主要分支)。由于语言本身也是一种文化，因此，它又具有很高的人文价值，这也是语文具有民族凝聚力的根本原因。以上这些都仅仅是从语文的功能来考量。"② 这里从四个维度透彻地考察了语文的功能，全面地阐释了他的语文工具说。他的"五说"语文教育观，以及要素构成观、整体建构观、综合效应观、语文文化观、科学模糊统一观等，处处体现了语文是中华民族的根的核心指向，体现出语文肩负着"人的教育"的神圣使命。语文工具观实质上包含了由语文课程所引领的语言素养、思想素养、文化素养、审美素养和精神素养的观点。

洪先生的语文功能论明确了语文教学的基本任务——打好学生的语文底子；揭示了语文教育的素质功能——提升学生的语文素养；确立了语文学科的基础地位——语文是各学科的基础和发端。

语文的对象是"人"，语文教育的目的是培养提高了语文素养的"新人"，语文教育的过程是在"人与人之间"展开的。因此，语文人也必须对人和人的关系问题进行思考。这是语文人思考问题的根基。洪宗礼先生正是从这种根基出发，从语文教育行动中归纳、质疑，对"语文工具"的功能进行反思与重塑，得出全新的解释，使得对"语文工具"功能的理解呈现出与时俱进的新的境界。

6. 在语文教学论的探讨中形成个性化

"教学"的定义是对"教学"内涵的逻辑表达，是教学理论的核心内容。洪宗礼先生研究了语文教学概念的关键特征，它们构成了其语文教学的基本内涵。

一是语文教学的意向性。洪先生说："众所周知，语文学科目标多

---

① 洪宗礼：《洪宗礼文集 1：语文教育"链"》，2 页，南京，江苏教育出版社，2008。
② 洪宗礼：《洪宗礼文集 1：语文教育"链"》，5 页，南京，江苏教育出版社，2008。

元，内容复杂，头绪纷繁，似乎看不清庐山真面目。"但"这个多维结构内部存在着密切联系、互相制约的许多因素，而且它与外部又有着多方面的联系"。他把语文的要素及其构成关系、规律、序列编织成网状的语文教育"链"，以揭示语文教学隐含的规律。这种"链"包含着教学的意向性，体现在两个方面：引导或指导学生的学习行为；达成一定的发展目标。

二是语文教学的双边性。洪宗礼先生说："要使学生'善读'，关键在教师'善引'。"这"善读"和"善引"就体现了教学的双边性。"双引"教学的要义就是最大限度地调动学生学习的积极性，引导学生自己读和写；教给学生学习的规律和方法，引导学生广泛而熟练地读和写。这就体现了"启发诱导"和"自主学习"。教学作为师生之间的双边互动，不同于社会生活中的人与人之间的互动。教学互动有着自己的独特性，有着鲜明的个性化。在这个双边活动中，学生最容易产生创造性思维和非凡的灵感，教师要特别留意"闪念"和"瞬间"，善于察言观色，透过学生的一举一动、一姿一容，把握学生情绪和心理的变化。只有这样，语文课堂才能真正成为"生成"的课堂，提高语文教学效率。

三是语文教学的中介性。这个教学的中介，就是教学内容或材料。顾黄初先生曾经把汉语文教材的基本结构划分为课文系统、知识系统、作业系统和助读系统四个部分，这四个部分的不同组合就形成了不同体例的语文教材。对这四个部分的质量，洪宗礼先生非常重视，以唯物辩证法来探讨语文教材的选文标准和内容。他重视优化教材内容和结构，围绕着"单元主题"，把听、说、读、写、综合活动和专题等加以优化整合，使教学中介发挥综合效应，从而构建了实现教学意向的必要途径。洪先生的教材这个"特殊的精神产品"，围绕着"全面提高学生语文素养"总目标，优化教材内容和结构，使之切合学生的成长需要和合乎学生认知规律，使教材更好地发挥"中介"作用。

四是语文教学的伦理性。教学活动与其他人类活动一样，也是一种伦理性的活动。语文教育必须按照学生在道德上能够接受的方式来进行，符合汉民族文化体系的伦理规范。洪宗礼先生说："不仅要站在讲台上，还要站在书架上，更要站在道德高地上。这就是我的立功、立言、立德。"他把大爱融入教学之中，关注每一个学生的学习状态，关注每一个学生的学习细节，关注每一个学生的学习情绪变化，"爱"是洪宗礼先生语文教学伦理的核心。他说："教师要修炼成'正果'，必须培育爱，努力做，勤于思，坚持学。""培育爱，就要正视爱，珍惜爱，提升爱，把学生看作灵动的生命体，永远在学生的心里辛勤耕耘。"这些发自肺腑的语言，很温馨，很深切，充分展露了洪宗礼先生"塑人"的宗旨。"在发展学生中发展自己，在成就学生中成就自己。"这正是洪氏教学论个性化的道德情感的基础。

7. 在语文方法论的阐释中形成互动性

顾明远在《教育大辞典》中把"方法"界定为：为了实现一定目的，按照一定程序所采取的行为方式的总和。是认识世界和改造世界的各种具体方式、手段的统称。可见，方法总是与目标、内容和行为联系在一起的。方法是实现目的的手段，受到内容的制约，是一种有体系、有计划的行为或操作。语文教育方法就是为实现语文教育目的和内容而采取的各种方式，运用的各种手段和程序的总和。

洪宗礼先生在语文教学中十分重视建构自己的语文方法论，他认为"想"是一个总开关。他不遗余力地和学生一起归纳、总结和创造语文方法，《"引读"十法》《谈"默读"》等一系列文章的发表，足见他用力之勤。

现代教学往往有着知识控制和心灵规训的特征。进入20世纪甚至21世纪，现代课程知识的霸权性并没有得到根本的认识和挑战，在课堂上直接消解了学生对知识的审视和批判能力，课堂上缺少互动，缺少一个"真诚""自由""开放"的充满人文气息的教学氛围。我们可以看到，洪宗礼先生在这些语文方法的归纳阐释中贯穿了互动性：合作解决问题，共同发现新知。语文教学的本质是以语文教学内容为中介进行的有目的的"对话""交流""沟通"过程。在这个过程中，师生既有着认识上的交往，也有着知识上的交往；既有着伦理上的交往，也有着情感上的交往。语文教学就是在这种交往互动中实现师生之间的知识、智慧、生命意义的共享。

教育哲学引领教师超越经验。洪宗礼先生教育哲学的建立，超越了他的教学经验，使他成为一代语文教育大家，成为中学语文灿烂的星空中一颗不落的巨星。

十、 在"洪氏语文"的引领下成长

（刘金玉，江苏省泰兴市洋思中学副校长，特级教师）

自 20 世纪 80 年代后期，"洪氏语文"整体改革就以其前瞻的教育思想、独到的价值取向、鲜明的时代特征、科学的理论体系影响，引领着洋思中学语文教学工作，指导着学校语文教学实践，推动着学校语文教学改革，促使学校迅速走出了语文教学困境，提升了语文教学质量，取得了语文教学的丰硕成果，并逐步形成了"洪氏语文"思想指导下的洋思语文教学特色。

"洪氏语文"早就明确指出："语文教育事业是塑人的事业，育人是第一位的。""一切为了学生的发展，是语文教学的根本宗旨。""优等生是'富矿'，后进生是'贫矿'；'富矿'和'贫矿'同样有发展的空间，有开发的潜力。"

学校语文老师反复研析"洪氏语文"教育思想，把握其思想精髓，并结合学校语文教学实际，提出了"没有学不好语文的学生"的教学追求，让广大语文教师充分认识到学生学习语文的无穷潜能。只要我们善于开掘，不懈努力，最终"每一位学生都能成为金矿"。这样，既树立了语文教师的信心，也树立了学生的信心，为语文教学的改革奠定了坚实的思想基础。

但理想是美好的，现实是骨感的。如何化理想为现实，对处在农村边远地区的学校来说，是再艰难不过的事了。正当此时，"洪氏语文"教材面世，洋思中学作为实验校之一，接受了洪宗礼先生的赠书，并聆听了其语文教学的谆谆指导。后来又通过深入学习、内化其"五说"语文教育观——工具说、导学说、学思同步说、渗透说、端点说，"双引"语文教学法——引读、引写教学法，语文教学"链"——把知识学习、引导历练、能力发展、习惯养成、方法获得和思想文化素养提高等诸种语文活动构建为一个纵横结合的科学体系，更让我们认识到：要想使语文教学富有成效，必须做到"五说"联动，"双引"齐进，"链链"相接；必须充分发挥语文教学的整体综合效应；必须不断实践，不断深化，不断提升。

在充分认识的基础上，我们提出并开展了语文"五读习问"教学实验，于 1989 年秋、1991 年春两次面向当时的扬州市初中语文界开放了"洪氏教材"的实验展示课，受到了扬州市原语文教研员林润昌等专家的肯定。在核心期刊《语文教学与研究》1995 年第 4 期和 1996 年第 5 期分别发表介绍"洪氏教材"的认识性文章和实践性文章；于 2010 年在《江苏教育研究》刊登了《语文"五读习问教学法"的思考与实践》的总结性文章，其中的很多观点就是来源于"洪氏语文"思想。

"五读习问教学法"要求教师在课堂上引导学生进行"五次有序阅读"。"这'五读'即为题读、粗读、精读、疑读、回读"，以此来让学生理解、认识、掌握语文学习的规律。这实际就是"洪氏语文"提出的"引读"思想的具体体现——"引读，一是引导学生自己读；二是引导学生掌握语文规律，举一反三广泛读"。在具体课堂教学实践中必须做到"导学生读，导学生问，导学生论，导学生疑，导学生思，一句话，教师从开始到结束相机诱导，从而完成整个教学任务。""学生在整个教学过程中也处处体现了'自主'的意识：自主读文，自主质疑，自主交流，自主思考，'学堂'变成了'习堂'。"① 这实际上就是"洪氏语文"的"导学说"思想的体现——"教师的'导'，要服务于学生的'学'，学生的'学'，需得益于教师的'导'"。

"读、写两种能力是语文能力体系中的两条主干，读、写教学应该是语文教学的'两翼'"，"读和写是语文教学的两翼，二者相互为用，相辅相成"。这是"洪氏语文"读写教学的核心思想。

我们在"洪氏语文"教育思想的引导下，充分学习、领悟其"引写"思想，提出并实践着"先学后教，二次作文"的作文教学策略，将阅读与写作有机结合起来。"学生在讲读课上已经欣赏了范文，学到了写作方面的诸多技巧，现在的任务就是把'所学'变为'所用'，实现'学以致用'"②，

---

① 刘金玉：《语文"五读习问教学法"的思考与实践》，载《江苏教育研究》，2010(17)。

② 杨思刘：《"先学后教，二次训练"作文教学探索》，载《上海教育科研》，2014(1)。

所以，作文教学中取消了"作前指导"，直接让学生先做作文；在已做作文的基础上，再让学生进行评析作文——把评析权还给学生，老师此时进行"导评"，即科学地引导学生精准地评议作文；在评议的基础上，学生进行自我修改与完善。这种作文教学策略很好地践行了"洪氏语文"之"激发情感，引发'思'趣""引而不发，留有'思'地""欲收先放，由博返约"的作文教学思想，更体现了"洪氏语文"教材"合成"思想的要求——"以读导写，写中有读，读写中应用知识，知识指导读写"。

通过使用"洪氏语文"教材，把握"洪氏语文"思想，践行"洪氏语文"理念，洋思中学语文教学获得了长足的进步与发展：学生无不热爱语文，乐学语文，能写一手规范字，能说一口普通话，作文水平、阅读能力均得到普遍提高；教师无不乐教语文，积极投身语文教改之中，潜心进行语文教学研究，享受语文教学带来的乐趣；学校也因语文教学改革的成功推动了其他学科的教学改革，促进了学校的全面高效发展。我本人作为践行"洪氏语文"的倡导者、实践者、研究者、推进者，也获益不少，研究项目"语文高效课堂教学研究与实践"荣获"江苏省基础教育教学成果一等奖"，出版的《高效课堂八讲》一书荣获"江苏省哲学社会类优秀成果奖"，本人也先后被评为"江苏省特级教师""正高级教师"，并成为"江苏省人民教育家培养工程"培养对象。

"在语文教改这条充满荆棘又铺满鲜花的漫长道路上跋涉，是非常艰难的。"这是洪先生于 2008 年在"洪宗礼语文教育思想研讨会"上的致辞，由此，我们可以想见"洪氏语文"的来之不易。作为后辈，我们岂能不珍惜，不用心，不进取？

洋思中学在践行"洪氏语文"的过程中，获益数不胜数。今后，我们将以更积极的姿态，更奋进的作风，用"洪氏语文"思想继续统率、引领、指导学校的语文教学实践，促进学生语文素养的更大提升，促进语文教师专业水平的更大发展，努力取得更大的语文教学实践和研究成果。

附录

洪宗礼相关研究
成果简介

一、 专著（含编著）

[1]《中学语文教学之路》(内蒙古教育出版社 1986 年版)

[2]《初三学生作文系列训练(三阶十六步)》(江苏少年儿童出版社 1986 年版)

[3]《高三作文系列训练(三阶十六步)》(文心出版社 1986 年版)

[4]《中学生思维训练》(云南教育出版社 1987 年版)

[5]《作文百课 高中第一册》(南京出版社 1990 年版)

[6]《读材料·想哲理·写作文》(开明出版社 1993 年版)

[7]《教师培训五十讲》(江苏教育出版社 1993 年版)

[8]《写作与辩证思维》(江苏教育出版社 1993 年版)

[9]《洪宗礼语文教学论集》(江苏教育出版社 1995 年版)

[10]《初中诗词读本》(江苏古籍出版社 1996 年版)

[11]《中外母语教材比较研究论集(五卷)》(江苏教育出版社 2001 年版)

[12]《洪宗礼：语文教育之"链"》(湖北教育出版社 2001 年版)

[13]《新课标语文读本：评注绘图(全六册)》(江苏教育出版社 2004 年版)

[14]《当代外国语文课程教材评介》(江苏教育出版社 2004 年版)

[15]《母语教材研究(十卷)》(江苏教育出版社 2007 年版)

[16]《洪宗礼文集(六卷)》(江苏教育出版社 2008 年版)

[17]《洪宗礼与母语教育》(北京师范大学出版社 2011 年版，2016 年修订版)

[18]《语文人生哲思录》(江苏教育出版社 2011 年版)

[19]《洪氏语文》(高等教育出版社 2013 年版)

二、 论文

[1]《新编教材如何少而精》(《人民日报》1969 年 8 月 19 日)

[2]《引导学生观察生活》(《语文函授》1978 年第 4 期)

[3]《试论语文的工具性》(《语文函授》1979 年第 1 期)

[4]《必须重视口头复述》(《上海教育》1979 年第 3 期)

[5]《作文教学注意科学性，加强计划性》(《教与学》1979 年第 4 期)

[6]《语文课如何精讲多练》(《教学与研究》1979 年第 4 期)

[7]《重在引读》(全国第一次叶圣陶研究会论文，后收入《语文教学论坛》1983年"叶圣陶语文教育思想研讨会"专刊)

[8]《语文知识教学必须紧扣课文，重在应用》(《语文教学改革》1980年第2期)

[9]《论语文教学的知行统一观》(《南京师院学报》1980年第2期)

[10]《练字 练话 练文——谈语文教师的三项基本功》(《教与学》1980年第2期)

[11]《让学生常做写生练习》(《语文函授》1980年第4期)

[12]《炉火纯青 游刃有余》(《教学与进修》1980年第6期)

[13]《要大胆地让学生"写自己"》(《语文教学通讯》1981年第2期)

[14]《有指导地让学生自学》(《内蒙古教育》1981年第3期)

[15]《"引而不发，跃如也"——语文课"启发式"教学浅议》(《扬州师院学报》1981年第3期)

[16]《思维训练不可忽视》(《江苏教育》1981年第5期)

[17]《谈"默读"》(《人民教育》1981年第7期)

[18]《钻进去，跳出来》(《中学语文教学》1981年第11期)

[19]《抓住"纲" 理清"目"——初中议论文教学管见》(《语文教学通讯》1982年第3期)

[20]《课文思想内容分析题与语文能力的综合训练》(《语文学习》1982年第8期)

[21]《精心组织一堂课——谈语文课堂教学的艺术》(《教学与进修》1983年第1期)

[22]《板书是读写结合的一个桥梁》(《语文教学通讯》1983年第11期)

[23]《贵在有效——作文批改方法再探》(《语文教学通讯》1983年第12期)

[24]《"引读"十法》(《扬州师范学报》1984年第2期，后收入《全国中学语文特级教师教学经验汇编》，安徽教育出版社1986年版)

[25]《高三年级作文"三阶十六步"训练教材(一)》(《语文教学通讯》1984年第10期)

[26]《高三年级作文"三阶十六步"训练教材(二)》(《语文教学通讯》1984年

第 11 期)

[27]《高三年级作文"三阶十六步"训练教材(三)》(《语文教学通讯》1984 年
第 12 期)

[28]《高三年级作文"三阶十六步"训练教材(四)》(《语文教学通讯》1985 年
第 1 期)

[29]《高三年级作文"三阶十六步"训练教材(五)》(《语文教学通讯》1985 年
第 2 期)

[30]《高三年级作文"三阶十六步"训练教材(六)》(《语文教学通讯》1985 年
第 3 期)

[31]《高三年级作文"三阶十六步"训练教材(七)》(《语文教学通讯》1985 年
第 4 期)

[32]《高三年级作文"三阶十六步"训练教材(八)》(《语文教学通讯》1985 年
第 5 期)

[33]《教学探新路 "求是"苦亦甘》(《江苏教育》1985 年第 7／8 期)

[34]《"想"是一个总开关——在写作教学中发展学生思维能力》(《扬州师
院学报(社会科学版)》1986 年第 1 期)

[35]《培养学生观察生活的能力》(《语文教学通讯》1986 年第 7 期)

[36]《纳须弥于芥子——引读两篇好文章》(《语文学习》1988 年第 8 期)

[37]《"密度＝效度""容量＝质量"吗？——"理想语文课"的再思考》(《语
文学习》1986 年第 12 期)

[38]《不妨学学牛吃草》(《中学生时代报》1987 年 5 月 19 日)

[39]《抓住精髓读深透》(《中学生时代报》1987 年 5 月 26 日)

[40]《提要钩玄理概要》(《中学生时代报》1987 年 6 月 2 日)

[41]《现场人物速写》(《语文报》1988 年 1 月 13 日)

[42]《学会塑罗汉》(《语文报》1988 年 2 月 22 日)

[43]《求同参读法》(《中学生阅读》1988 年第 2 期)

[44]《辨异参读法》(《中学生阅读》1988 年第 3 期)

[45]《资料参读法》(《中学生阅读》1988 年第 4 期)

[46]《羊城归来话改革》(《江苏教育》1988 年第 3 期)

[47]《置单篇教学于单元教学的整体之中》(《语文学习》1989 年第 3 期)

[48]《语言与思维同步训练刍议》(《中学语文教学参考》1990 年第 4/5 期)

[49]《我的成师之路》(《人民教育》1990 年第 7/8 期)

[50]《探索"科学、合理、有效"的语文教材体系》(《语文学习》1990 年第 11 期)

[51]《语文教学必须有鲜明的个性》(《江苏教育》1991 年第 10 期)

[52]《把学生引进"思考的王国"》(《语文学习》1991 年第 11 期)

[53]《如何写新闻》(《中学生阅读》1992 年第 4 期)

[54]《我的"双引"教学论和"三一"语文教材观》(收录于《全国中学语文教学研究优秀论文集》,海洋出版社 1992 年版)

[55]《教读课略说》(《语文之友》1993 年第 3 期)

[56]《扶读课略说》(《语文之友》1993 年第 3 期)

[57]《自读课略说》(《语文之友》1993 年第 3 期)

[58]《试用课本体系特点》(《语文之友》1993 年第 4 期)

[59]《介绍一套体系改革的试用课本》(收录于《中学语文教学论》,语文出版社 1994 年版)

[60]《"五说"语文教育观概论》(《教育理论与实践》1994 年第 4 期)

[61]《我的"五说"语文教育观》(《中学语文教学》1995 年第 1 期)

[62]《讲台,是神圣的》(《语文学习》1995 年第 7 期)

[63]《从整体上探求语文教学结构的科学化》(收录于《中国著名特级教师教学思想录》,江苏教育出版社 1996 年版)

[64]《提高教材质量是教材建设的根本》(原国家教委召开的全国初中语文教材理论研讨会上宣读的论文,后收入《洪宗礼语文教材研究论文荟萃》,江苏教育出版社 1997 年版)

[65]《中外母语教材比较研究开题报告》(《中学语文教学通讯》1997 年第 33 期)

[66]《试论汉语文教材编写队伍的建设与优化》(1997 年首届国际汉语文教育研讨会上的交流论文)

[67]《我的教材改革实践》(《语文教学与研究》1999 年第 4 期)

[68]《以系统思想为指导，从整体上改革语文教学》(收录于《中学著名语文特级教师教育思想精粹》，语文出版社 1999 年版)

[69]《20 年语文教改之我见》(《中学语文教学参考》1999 年第 6 期)

[70]《在教育部小学初中语文新大纲研讨会上的讲话》(《语文教苑》2000 年第 1/2 期)

[71]《一本书·一串珠·一条线——写在初中语文新教材使用之前》(《成才导报》2000 年 7 月)

[72]《用心点燃学生创造思维的火花》(《中学语文教学》2000 年第 8 期)

[73]《叶圣陶语文创新教育思想初探》(《连云港教育学院学报》2000 年第 3 期)

[74]《不断超越自我》(《江苏教育》2001 年第 11/12 期)

[75]《构建面向 21 世纪中国语文教材创新体系的尝试》(《中学语文教学参考》2001 年第 Z1 期)

[76]《构建面向 21 世纪中国语文教材创新体系的尝试(续)》(《中学语文教学参考》2002 年第 3 期)

[77]《我的为师之路》(《师道》2002 年第 4 期)

[78]《构建中学语文教材新体系》(《中国新闻出版报》2003 年 10 月 29 日)

[79]《苏教版国标本九年级语文实验教科书创新设计》(《中学语文教学参考》2004 年第 10 期)

[80]《中小学教科书不宜城乡分编》(《基础教育课程》2005 年第 10 期)

[81]《新课标语文教材要让作文教学"活"起来》(《语文学习》2004 年第 1 期)

[82]《母语教材研究总论》(《全球教育展望》2007 年第 7 期)

[83]《语文教育随想录》(《人民教育》2007 年第 21 期)

[84]《求索(上)》(《语文教学通讯》2008 年第 1B 期)

[85]《求索(下)》(《语文教学通讯》2008 年第 2B 期)

[86]《我的语文教育观》(《全球教育展望》2008 年第 1 期)

[87]《始终是从零开始》(《中学语文教学》2008 年第 3 期)

[88]《我的探索：构建语文教育"链"》(《语文教学通讯》2009 年 1B，中国人民大学书报资料中心《中学语文教学》2009 年第 9 期复印)

[89]《〈你看他(她)像谁〉作文教学实录(片断)》(《语文学习》2009 年第 9 期)

[90]《独领风骚三十年》(《语文学习》2009 年第 10 期)

[91]《30 年，峥嵘岁月稠》(《人民教育》2009 年第 12 期)

[92]《只有一个目的：塑人——我的语文教育观》(《教育研究与评论·中学教育教学》2010 年第 9 期)

[93]《论语文是基础工具》(《教育研究与评论·中学教育教学》2010 年第 9 期)

[94]《母语无价》(《江苏教育·中学教学》2012 年第 1 期)

[95]《我对语文教学的价值追求》(《教育研究与评论·中学教育教学》2012 年第 5 期)

[96]《理想语文课堂教学的十种境界》(《人民教育》2012 年第 13/14 期，后收入中国人民大学书报资料中心《高中语文教与学》2012 年第 9 期)

[97]《永远走在起点上》(《基础教育课程》2015 年 4 月上半月刊)

[98]《语文教学整体改革发展历程》(《基础教育课程》2015 年 4 月上半月刊)

[99]《关于教师专业发展向创造期转型的思考》(《七彩语文·中学语文论坛》2015 年第 4 期)

[100]《用心点燃学生创造思维之火》(《七彩语文·中学语文论坛》2015 年第 4 期)

[101]《母语教育的八项主张》(《中小学教材教学》2016 年第 5 期)

[102]《我的为师之路》(《中华活页文选·教师版》2016 年第 9 期)

[103]《母语研究是我一辈子的事业——对话洪宗礼》(《江苏教育》2016 年第 11 期)

[104]《树起现代语文课程的巴比伦塔》(《好家长》2017 年第 5 期)

[105]《时代呼唤中学语文教学整体改革》(《语文教学通讯》2017 年第 8 期)

[106]《教师要好好读书》(《江苏教育》2017 年第 75 期)